महामारी जनसंख्या न्यूनीकरण विधि

भय, दहशत और लाभ: दुनिया भर में COVID-19 प्रतिक्रियाएँ

शुभकर्मनारे, सरगेली बातिर जरीदक
शुभकामनाएं, सेर्गेली बतिर ज़ाइदक

प्रिय पाठक,

यह किताब हमें रहस्यों की एक ऐसी दुनिया में ले जाएगी जो लंबे समय से हमारी नज़रों से छिपी हुई है। दिखाई देने वाली चीज़ों से परे एक घोटाले की कहानी है जिसने पूरी दुनिया को अपनी गिरफ़्त में ले लिया है। मैं आपको पहेलियों को सुलझाने और 2019 महामारी की घटनाओं में जटिल रूप से जुड़े रहस्यों को उजागर करने की यात्रा पर आमंत्रित करता हूँ।

एक जासूस की तरह, हम मुख्य तथ्यों का विश्लेषण करना शुरू करेंगे। हम सूचनाओं की तरंगों की जांच करेंगे और इस रहस्यमय घोटाले की तस्वीर बनाने के लिए डेटा एकत्र करेंगे। साज़िश की शाखाओं को उजागर करने के लिए सांख्यिकी हमारा उपकरण बन जाएगी।

हम उन दस्तावेजों और सबूतों की दुनिया में उतरेंगे जो इस कहानी के एंटीबॉडी और एंटीजन का चेहरा उजागर करते हैं। अपराध स्थल पर मिले निशानों की तरह विवरण में भी उत्तर छिपे होते हैं। हमारी जांच एक जासूस की आंख की तरह है, जो पहेली को सुलझाने के लिए घोटाले के सबसे छोटे कोनों में घुस जाती है।

डॉक्यूमेंट्री और जासूसी तत्वों को बारी-बारी से पेश करते हुए, हम उन कनेक्शनों और संबंधों को उजागर करेंगे जो इस घोटाले की उत्पत्ति की ओर ले जाते हैं। हम साज़िश की परछाइयों से गुज़रेंगे, महामारी की घटनाओं को आपस में जोड़ने वाली जटिल कहानियों को उजागर करेंगे। सबूत का हर नया टुकड़ा एक बंद दरवाज़े की चाबी है जो सच्चाई की ओर ले जाता है।

तो, प्रिय पाठक, इस पुस्तक को हमारी सामान्य धारणा से परे की चीज़ों के परिचय के रूप में लें। वृत्तचित्र शैली हमारे शोध का आधार होगी, और जासूसी साज़िश इस यात्रा में तनाव जोड़ेगी। क्या आप 2019 महामारी घोटाले के रहस्यों को उजागर करने के लिए तैयार हैं? तो चलिए इस रोमांचक यात्रा की शुरुआत करते हैं।

शुभकामनाएं,

सर्गेली बतिर जाइदक

सामग्री

अध्याय 1: महामारी रहस्य - एक पेचीदा मोज़ेक

[1]आइए हाल के वर्षों की सबसे विनाशकारी घटना से शुरू करें - वैश्विक बीमारी COVID-19। यह कैसे प्रकट हुआ, इसकी शुरुआत कहां से हुई और यह इतनी जल्दी पूरे ग्रह में कैसे फैल गया? ये रहस्य रहस्यमयी द्वारों की तरह हैं, जो हर किसी को सोचने के लिए प्रेरित करते हैं।

कोरोनावायरस के खिलाफ मानवता की लड़ाई का दौर गपशप, अटकलों और अटकलों से भरा हुआ है। जब वैक्सीन की कीमतें आसमान छू रही हैं, तब राज्यों की मुफ्त टीकाकरण शुरू करने की अजीब इच्छा सवाल खड़े करती है। राज्य अरबों खर्च करके 80% आबादी की प्रतिरक्षा सुनिश्चित करने की कोशिश कर रहे हैं।

आधुनिक इतिहास में यह महामारी शायद बेमिसाल है। मुफ्त पीसीआर टेस्ट, वायरस पर बड़े पैमाने पर शोध, बड़े पैमाने पर टीकाकरण और भारी भय ने कोविड-19 को लेकर अनिश्चितता की भावना पैदा कर दी है।

कई देश बढ़ते संक्रमण को देखते हुए लॉकडाउन लगा रहे हैं। अस्पताल वायरस से संक्रमित मरीजों से भरे पड़े हैं। कोविड-19 बेहद संक्रामक है, लेकिन मृत्यु दर कम है - लगभग 5%। मृत्यु दर 9.6% है, जिसे नज़रअंदाज़ नहीं किया जा सकता।

2020 में, ऐसी अफ़वाहें फैलीं कि शासकों ने कोविड-19 के ज़रिए जनसंख्या कम करने का फ़ैसला किया है। यहाँ तक कि भविष्य में विनाश के लिए माइक्रोचिप्स लगाने की एक भयावह योजना के हिस्से के रूप में टीकों को भी पेश किया गया। लेकिन आइए जानें कि यह कितना संभव है।

ये अफ़वाहें बिल गेट्स के एक इंटरव्यू के बाद शुरू हुईं, जिसमें उन्होंने चिकित्सा और प्रौद्योगिकी के भविष्य पर अपने विचार व्यक्त किए। हो सकता है कि उनके कुछ शब्दों को तोड़-मरोड़ कर पेश किया गया हो या उन्हें गलत समझा गया हो।

यह साक्षात्कार विवादास्पद था। गेट्स ने बीमारियों के इलाज के लिए नैनोटेक्नोलॉजी और माइक्रोरोबोट के बारे में बात की। हालाँकि, जानकारी प्रसारित करने की प्रक्रिया में विवरण और संदर्भ विकृत हो सकते हैं।

जटिल वैज्ञानिक अवधारणाओं की समझ की कमी के कारण ऐसे विचार चर्चा और अफवाहों का विषय बन गए हैं। वैज्ञानिक अनुसंधान एक लंबी प्रक्रिया है, और आने वाले वर्षों में कई अवधारणाएँ संभव नहीं हो सकती हैं।

हालाँकि गेट्स के साथ साक्षात्कार वैज्ञानिक और सूचनात्मक था, लेकिन इसे अलग-अलग तरीकों से समझा जा सकता है। गलत जानकारी फैलने से बचने के लिए सामान्य ज्ञान बनाए रखना और ऐसी खबरों के प्रति चौकस रहना महत्वपूर्ण है।

माइक्रोरोबोट बनाने की संभावना का उल्लेख किया। हालाँकि, यह अभी तक एक वैज्ञानिक कल्पना ही है। माइक्रोचिप्स के साथ सामूहिक टीकाकरण के बारे में सभी कहानियाँ काल्पनिक हैं, वास्तविक तकनीकों द्वारा समर्थित नहीं हैं।

आइए जानें कि इन अफवाहों के पीछे क्या है और ये इतनी हलचल क्यों मचा रही हैं। सभी इलेक्ट्रॉनिक उपकरणों की तरह माइक्रोरोबोट को भी ऊर्जा की आवश्यकता होती है। यहां तक कि सेल फोन भी लंबे समय तक चालू नहीं रहते। और माइक्रोरोबोट के लिए बैटरी एक वास्तविक रहस्य है। फिलहाल, ऐसी तकनीकें उपलब्ध नहीं हैं।

नैनोरोबोट और माइक्रोचिप्स के बारे में ये सभी कहानियाँ काल्पनिक हैं। इनके वितरक झूठे हैं। गलत जानकारी फैलने से बचने के लिए सामान्य ज्ञान और सावधानी बनाए रखना महत्वपूर्ण है।

अध्याय 2: प्रतिरक्षा

यह समझने के लिए कि क्या हो रहा है, आपको उन बुनियादी शब्दों का अध्ययन करने की आवश्यकता है जो पूरे मीडिया में हैं। मैं अपने शब्दों में सभी बुनियादी शब्दों और प्रतिरक्षा विज्ञान के निर्माण के इतिहास का वर्णन नहीं करूँगा, लेकिन लेख "प्रतिरक्षा के प्रकार" से जानकारी लूँगा। मैं वैज्ञानिक कार्य होने का दिखावा नहीं करता, लेकिन मैं उन सवालों के जवाब पाना चाहता हूँ जो उठे हैं। प्रतिरक्षा विज्ञान की मूल बातों के बिना, हम समझ नहीं पाएंगे। आइए प्रतिरक्षा विज्ञान का अध्ययन शुरू करें।

[2]प्रतिरक्षा (लैटिन इम्यूनिटास - रिलीज) शरीर की विदेशी जीवों और पदार्थों, जैसे सूक्ष्मजीवों, वायरस, कीड़े और विभिन्न प्रोटीनों के खिलाफ रक्षा है। इम्यूनोलॉजी वह विज्ञान है जो प्रतिरक्षा का अध्ययन करता है। प्रतिरक्षा प्रतिक्रिया विदेशी एजेंटों की शुरुआत के लिए शरीर की प्रतिक्रिया है। एंटीजन कोई भी विदेशी पदार्थ या जीव है। एंटीबॉडी शरीर में एक पदार्थ है जो एंटीजन को पहचानता है। एंटीबॉडी (इम्यूनोग्लोबुलिन) रिसेप्टर्स के रूप में बी-लिम्फोसाइट्स की सतह पर मौजूद ग्लाइकोप्रोटीन का एक विशेष वर्ग है। एंटीजन की उपस्थिति पर प्रतिक्रिया करते हुए, वे बी-लिम्फोसाइट झिल्ली से अलग हो जाते हैं और रक्त सीरम और ऊतक द्रव में घुलनशील अणुओं (एंटीबॉडी) के रूप में मौजूद होते हैं। एंटीबॉडी चुनिंदा रूप से विशिष्ट प्रकार के विदेशी अणुओं से बंधते हैं जिन्हें एंटीजन कहा जाता है। एंटीबॉडी का उपयोग प्रतिरक्षा प्रणाली द्वारा बैक्टीरिया और वायरस जैसी विदेशी वस्तुओं की पहचान करने और उन्हें बेअसर करने के लिए किया जाता है। एंटीजन प्रोटीन या पॉलीसेकराइड हो सकते हैं, जो बैक्टीरिया कोशिकाओं, वायरस और अन्य सूक्ष्मजीवों के हिस्से होते हैं। गैर-माइक्रोबियल एंटीजन में पराग प्रोटीन, अंडे का सफेद भाग, ऊतक और अंग प्रत्यारोपण से प्राप्त प्रोटीन, साथ ही रक्त आधान के दौरान रक्त कोशिकाओं के सतही प्रोटीन शामिल हैं। एलर्जेन वे एंटीजन होते हैं जो एलर्जी प्रतिक्रियाओं का कारण बनते हैं।

प्रतिरक्षा के अध्ययन का इतिहास माइक्रोस्कोप के आविष्कार से शुरू होता है, जिसने रोगजनक बैक्टीरिया की खोज में मदद की। 18वीं शताब्दी के उत्तरार्ध में, अंग्रेज़ चिकित्सक एडवर्ड जेनर ने टीकाकरण के ज़रिए सफलतापूर्वक बीमारी को रोका। उनका

दृष्टिकोण अवलोकनों से विकसित हुआ: जिन दूधियों को काऊपॉक्स हुआ था, उन्हें चेचक नहीं हुआ। जेनर ने एक लड़के को काऊपॉक्स के दाने से मवाद का इंजेक्शन लगाया, और लड़का चेचक से प्रतिरक्षित हो गया। जेनर के काम ने बीमारियों की सूक्ष्मजीवी उत्पत्ति के अध्ययन की नींव रखी। लुई पाश्चर और रॉबर्ट कोच ने सूक्ष्मजीवी कोशिकाओं से प्रतिरक्षित जानवरों के रक्त में जीवाणुरोधी कारकों की खोज की। पाश्चर ने कमज़ोर सूक्ष्मजीवों से टीके बनाने के सिद्धांत भी विकसित किए।

Описание: C:\Users\BEST\Downloads\en.jpg

चित्र 1. कोशिकीय और ह्युमोरल प्रतिरक्षा

1908 में, इल्या इल्यिच मेचनिकोव और पॉल एर्लिच को प्रतिरक्षा के सिद्धांत पर उनके काम के लिए नोबेल पुरस्कार मिला। मेचनिकोव ने प्रतिरक्षा के सेलुलर सिद्धांत का निर्माण किया, और एर्लिच ने एंटीबॉडी की खोज की और प्रतिरक्षा के हास्य सिद्धांत को विकसित किया। एर्लिच ने सुझाव दिया कि एंटीबॉडी स्तन के दूध के साथ बच्चे में संचारित होती हैं, जिससे निष्क्रिय प्रतिरक्षा बनती है। इसके बाद, कार्ल लैंडस्टीनर और पीटर मेडावर ने प्रतिरक्षात्मक अंतरों के अस्तित्व और विदेशी प्रोटीन की प्रतिरक्षा कोशिका पहचान की सटीकता को साबित किया।

Описание: C:\Users\BEST\Downloads\a.png

चित्र 2. प्रतिरक्षा का वर्गीकरण

प्रतिरक्षा को सेलुलर और ह्यूमरल, जन्मजात और अर्जित में विभाजित किया जा सकता है। अर्जित प्रतिरक्षा एक विशिष्ट व्यक्तिगत प्रतिरक्षा है जो बीमारियों या टीकाकरण के बाद होती है। जन्मजात प्रतिरक्षा शरीर को जन्म से ही हर विदेशी चीज़ से बचाती है। यह वंशानुगत और व्यक्तिगत हो सकती है। प्रतिरक्षा को प्राकृतिक और कृत्रिम में विभाजित किया जाता है। प्राकृतिक प्रतिरक्षा शरीर के जीवन के दौरान होती है, और कृत्रिम प्रतिरक्षा दवाओं के उपयोग के परिणामस्वरूप होती है।

अध्याय 3: कोविड-19 की शुरुआत

COVID-19 की शुरुआत दिसंबर 2019 में चीन के वुहान में हुई थी, जिसके कारण इस वायरस को यह नाम मिला। दो महीनों के भीतर, यह इतनी तेज़ी से फैल गया कि चीनी सरकार को "लॉकडाउन" नामक सख्त उपाय लागू करने पड़े। अन्य देशों ने वायरस के प्रसार को रोकने के लिए उड़ानें रद्द करना और चीन के साथ सीमाएँ बंद करना शुरू कर दिया है। लेकिन इससे एक महत्वपूर्ण सवाल उठता है:

राष्ट्राध्यक्ष, मंत्री और अन्य राजनीतिक हस्तियाँ, क्या वे वास्तव में यह नहीं समझ पाए कि हवाई यात्रा को रोकना वायरस को रोकने के लिए पर्याप्त नहीं है? रेल, समुद्री और सड़क यात्रा भी जारी रही। क्या इसका मतलब यह है कि, उनकी राय में, इन मार्गों पर यात्रा करने वाले लोग या तो बीमार हो जाएँगे या रास्ते में मर जाएँगे, और इसलिए परिवहन के ये साधन जारी रह सकते हैं? क्या इसका मतलब यह है कि जो व्यक्ति वुहान गया है, कोरोना वायरस से बीमार हुआ है और ट्रेन, जहाज या कार से चीन के दूसरे क्षेत्र में चला गया है, वह दूसरों के लिए खतरा नहीं है?

यदि पूर्ण लॉकडाउन लागू है तो माल परिवहन पर प्रतिबंध क्यों नहीं लगाया गया?

हां, अंततः राज्यों के बीच रेल, समुद्री और सड़क यातायात भी निलंबित कर दिया गया, लेकिन तब तक बहुत देर हो चुकी थी - COVID-19 पूरी दुनिया में फैल चुका था।

अपनी जांच को बेहतर ढंग से समझने के लिए, आइए एक समस्या के रूप में एक खोजी प्रयोग करें।

[3]समस्या की स्थितियाँ

स्रोत "कोविड-19: संक्रमण के तंत्र और मार्ग, ऊष्मायन अवधि, जोखिम समूह" (इनविट्रो , 04.05.2022) के अनुसार, कोविड-19 की ऊष्मायन अवधि 2 से 14 दिनों तक है, औसतन - 5.2 दिन। वायरस पर्यावरण में सक्रिय रह सकता है:

- हवा में - 30 मिनट तक, और प्रायोगिक परिस्थितियों में - 3 घंटे तक।

- स्टील की सतहों पर - 40°C के तापमान पर 4 दिनों तक।

- कागज पर - कमरे के तापमान पर 4-5 दिन।

- कांच पर - 4 दिन तक।

-प्लास्टिक पर - 6 दिन तक।

अब आइए निम्नलिखित स्थिति की कल्पना करें: आपने एक सेल फोन खरीदा है, चाहे वह स्टोर से हो या ऑनलाइन। आइए फोन की डिलीवरी की पूरी प्रक्रिया का अनुसरण करें।

मान लीजिए कि आपका फ़ोन चीन में Apple की फ़ैक्टरी में बना है और पैक किया गया है। हालाँकि फ़ैक्टरी में रोबोट का इस्तेमाल होता है, लेकिन ऐसे कर्मचारी हैं जो उनकी सेवा करते हैं और सफ़ाई करने वाले लोग हैं जो चीज़ों को साफ रखते हैं। क्या होगा अगर उनमें से कोई COVID-19 से संक्रमित हो? भले ही उन्हें पता न हो, लेकिन वे सामान को संभाल सकते थे और उसके संपर्क में आ सकते थे। फिर फ़ोन मूवर्स, ड्राइवर और डिलीवरी करने वाले लोगों के पास जाता है। संक्रमण की संभावना और भी ज़्यादा है क्योंकि सामान हर चरण में हाथ बदल रहा है।

अब सवाल यह उठता है कि अगर लॉकडाउन वाकई पूरा नहीं था तो फिर क्यों लगाया गया? लोग माल और परिवहन के ज़रिए वायरस फैलाते रहे। आप कह सकते हैं कि लोगों को स्वच्छता नियमों का पालन करना चाहिए - मास्क, दस्ताने पहनना चाहिए, एंटीसेप्टिक्स का इस्तेमाल करना चाहिए।

हालाँकि, इससे एक नया प्रश्न उठता है: ये उपाय कितने प्रभावी ढंग से लागू किये गये और लागू किये गये?

अध्याय 4: स्वच्छता मानक

कोविड-19 महामारी की शुरुआत से ही हमें स्वच्छता संबंधी नियमों का पालन करने के लिए कहा गया था: मास्क, दस्ताने पहनना और एंटीसेप्टिक्स का इस्तेमाल करना। हालाँकि, बहुत कम लोगों को यह समझ में आया कि आप कितनी देर तक मास्क पहन सकते हैं और सुरक्षात्मक उपकरणों का सही तरीके से इस्तेमाल कैसे करें।

[4]विशेषज्ञों की सलाह के अनुसार, मास्क पहनने का समय उनके प्रकार पर निर्भर करता है। उदाहरण के लिए, पेपर फिल्टर वाले मास्क को हर दो घंटे में बदलना चाहिए, और जीवाणुनाशक से उपचारित मास्क को 3-5 घंटे तक पहना जा सकता है। अगर मास्क सांस लेने, खांसने या छींकने से गीला हो जाता है, तो उसे तुरंत बदल देना चाहिए। यह याद रखना महत्वपूर्ण है कि डिस्पोजेबल मास्क के सुरक्षात्मक गुणों को बहाल करना असंभव है, इसलिए इसका दोबारा उपयोग करने की अनुमति नहीं है।

यही बात दस्तानों पर भी लागू होती है। उन्हें दो घंटे से ज़्यादा न पहनने की सलाह दी जाती है, जिसके बाद उन्हें फेंक देना चाहिए। दस्तानों का दोबारा इस्तेमाल नहीं किया जा सकता है, और उन्हें सही तरीके से हटाने और निपटाने के निर्देशों का सख्ती से पालन किया जाना चाहिए।

हालाँकि, अगर आप इसके बारे में सोचें, तो दुनिया में कितने लोग हर दो घंटे में मास्क और दस्ताने बदलने का खर्च उठा सकते हैं? इसके लिए काफी वित्तीय लागत की आवश्यकता थी, खासकर लॉकडाउन के संदर्भ में, जब कई लोग बिना काम और आय के रह गए थे।

समय के साथ, दस्ताने के उपयोग की सिफारिशें बदल गईं, और इसके बजाय एंटीसेप्टिक्स की सिफारिश की जाने लगी। विशेषज्ञों ने सार्वजनिक स्थानों पर एंटीसेप्टिक्स का उपयोग करने की सलाह दी, लेकिन इस बात पर ज़ोर दिया कि घर पर अपने हाथों को नियमित साबुन से दिन में 4-6 बार धोना पर्याप्त है। एंटीसेप्टिक्स के अत्यधिक उपयोग से त्वचा रूखी हो सकती है, इसलिए उन्हें दिन में एक या दो बार से ज़्यादा इस्तेमाल न करने की सलाह दी गई। साबुन से नियमित रूप से हाथ धोना रोकथाम का सबसे प्रभावी तरीका बना रहा।

इन सभी सिफारिशों के बावजूद, सवाल यह है कि वास्तव में कितने लोगों ने डब्ल्यूएचओ के नियमों का पालन किया?

आइए महामारी की शुरुआत में वापस चलते हैं। दिसंबर 2019 में, चीन में एक नया वायरस उभरा। दो महीने के भीतर, COVID-19 पूरे देश में फैल गया। चीन से आई तस्वीरों से दुनिया हैरान रह गई, जहाँ लोग अचानक सड़कों पर गिर पड़े और मुर्दाघर शवों से भर गए जिन्हें समय रहते दफनाया नहीं जा सका। फरवरी 2020 में, वायरस के आगे प्रसार को रोकने के लिए, चीनी सरकार ने अपने सभी नागरिकों के लिए घर से बाहर निकलने पर सख्त प्रतिबंध लगा दिया। इस सख्त संगरोध, जिसे बाद में "लॉकडाउन" कहा

गया, ने दुनिया भर के लोगों में मिश्रित भावनाएँ पैदा कीं - चीनी लोगों के लिए दया से लेकर एक नए, अज्ञात वायरस के डर तक।

उस समय किसी को नहीं पता था कि स्थिति आगे कैसे विकसित होगी और अन्य देशों में क्या उपाय किए जाएंगे।

अध्याय 5: महामारी के दौरान अमेरिका-डब्ल्यूएचओ संबंध

यह ध्यान देने योग्य है कि चीन में लॉकडाउन फरवरी में एक महीने तक चलने वाले चीनी नववर्ष समारोह के दौरान लागू किया गया था। इसका मतलब यह था कि लोगों को कम से कम असुविधा का सामना करना पड़ा, क्योंकि बहुत से लोग पहले से ही घर पर रह रहे थे और ज़्यादातर व्यवसाय बंद थे।

इस समय बाकी दुनिया में क्या हो रहा था?

इस दौरान अमेरिकी राष्ट्रपति डोनाल्ड ट्रंप ने विश्व स्वास्थ्य संगठन (WHO) के साथ टकराव की स्थिति पैदा कर दी और मांग की कि इसे महामारी घोषित किया जाए। इस विवाद ने पूरी दुनिया का ध्यान खींचा, जिसमें कई लोगों ने राष्ट्रपति ट्रंप का समर्थन किया। उन्होंने WHO को मिलने वाली फंडिंग बंद करने और संगठन से अमेरिका को बाहर निकालने की धमकी भी दी। दुनिया भर में महामारी घोषित करने की मांग उठ रही थी, हालांकि कुछ लोगों ने दावा किया कि कोरोना वायरस इतना खतरनाक नहीं है।

[5]डोनाल्ड ट्रम्प का WHO प्रमुख को पत्र

18 मई 2020 को डोनाल्ड ट्रंप ने WHO के महानिदेशक डॉ. टेड्रोस को एक पत्र भेजा अधानु घेब्रेयसस को पत्र लिखा , जिसमें उन्होंने अपने दावों को रेखांकित किया:

- 14 अप्रैल, 2020 को, संयुक्त राज्य अमेरिका ने WHO को दी जाने वाली फंडिंग को निलंबित कर दिया, जबकि ट्रम्प प्रशासन COVID-19 प्रकोप के प्रति WHO की प्रतिक्रिया की जांच कर रहा था। WHO की चीन पर निर्भरता सहित गंभीर समस्याएं उजागर हुईं।

- डब्ल्यूएचओ ने दिसंबर 2019 में वुहान से वायरस के बारे में विश्वसनीय जानकारी को नजरअंदाज किया, जिसमें मेडिकल जर्नल द लैंसेट की जानकारी भी शामिल थी।

- डब्ल्यूएचओ ने विश्वसनीय जानकारी का सत्यापन नहीं किया है जो चीनी अधिकारियों की रिपोर्ट का खंडन करती है, जिसमें वुहान से प्राप्त जानकारी भी शामिल है।

- 30 दिसंबर, 2019 को बीजिंग स्थित विश्व स्वास्थ्य संगठन को मरीजों के आंकड़ों और वायरस के जीनोम के अध्ययन के आधार पर वुहान में "गंभीर खतरे" के बारे में पहले से ही पता था।

- ताइवान के अधिकारियों ने विश्व स्वास्थ्य संगठन को सूचित किया है कि यह वायरस एक व्यक्ति से दूसरे व्यक्ति में फैलता है।

- अंतर्राष्ट्रीय स्वास्थ्य विनियमों के तहत, देशों को 24 घंटे के भीतर जोखिम की सूचना देना आवश्यक है। चीन ने 31 दिसंबर, 2019 को ही निमोनिया के मामलों की सूचना दी थी।

- डॉक्टर झांग योंगजेन ने 5 जनवरी, 2020 को चीनी अधिकारियों को बताया कि उन्होंने वायरस के जीनोम का अनुक्रमण कर लिया है, लेकिन यह जानकारी 11 जनवरी तक जनता के लिए जारी नहीं की गई थी।

- डब्ल्यूएचओ ने कोरोना वायरस के बारे में भ्रामक बयान दिए हैं, जिसमें 14 जनवरी को दावा किया गया कि वायरस एक व्यक्ति से दूसरे व्यक्ति में नहीं फैलता है।

- 28 जनवरी, 2020 को चीनी राष्ट्रपति के साथ बैठक के बाद, डब्ल्यूएचओ ने चीन की "पारदर्शिता" के लिए प्रशंसा की, भले ही चीन ने कई डॉक्टरों को चुप करा दिया था।

ट्रम्प ने कोविड-19 के लिए चीन को दोषी ठहराया और अमेरिकी अर्थव्यवस्था को हुए नुकसान के लिए मुआवजे की मांग की। दुनिया इस लड़ाई को देख रही थी और इसके परिणाम का इंतजार कर रही थी।

डब्ल्यूएचओ क्या करता है?

बहुत से लोग WHO के बारे में तभी सोचते हैं जब वह सार्वजनिक स्वास्थ्य आपातकाल की घोषणा करता है, जैसा कि उसने COVID-19 महामारी के मामले में किया था। हालाँकि, WHO संयुक्त राष्ट्र की एक विशेष एजेंसी है जिसका मिशन दुनिया भर के लोगों के लिए स्वास्थ्य के उच्चतम संभव स्तर को प्राप्त करना है।

डब्ल्यूएचओ आपदाओं के दौरान देशों को आपातकालीन सहायता प्रदान करता है, स्वास्थ्य की निगरानी करता है और इस क्षेत्र में अनुसंधान करता है। डब्ल्यूएचओ संक्रमण से निपटने के लिए अंतर्राष्ट्रीय प्रयासों का समन्वय करता है, परीक्षण और टीकों के विकास में सहयोग को प्रोत्साहित करता है, जैसा कि कोरोनावायरस के मामले में है।

डब्ल्यूएचओ ने वायरस के प्रसार के वैश्विक दायरे को पहचानते हुए मार्च 2020 में कोरोना वायरस को महामारी घोषित किया था।

ट्रम्प और डब्ल्यूएचओ टकराव

डब्ल्यूएचओ के पास सलाहकारी कार्य हैं, और देश खुद तय कर सकते हैं कि इसकी सिफारिशों का पालन करना है या नहीं। सवाल उठता है: अगर हर देश खुद तय करे कि उसे लॉकडाउन लगाना है या नहीं, तो ट्रम्प क्या हासिल करना चाहते थे?

मेरी राय में, राष्ट्रपति ट्रम्प ने महामारी की बहस से दुनिया का ध्यान हटाने के लिए डब्ल्यूएचओ की आलोचना का इस्तेमाल किया। बहुत से लोगों को नहीं पता था कि डब्ल्यूएचओ क्या करता है, लेकिन अमेरिकी राष्ट्रपति के शब्दों ने लाखों लोगों को प्रभावित किया। इसलिए जब ट्रम्प ने महामारी घोषित करने का आह्वान किया, तो दुनिया ने प्रत्याशा में अपनी सांस रोक ली, हालाँकि कई लोग डब्ल्यूएचओ की भूमिका और महामारी घोषित करने की आवश्यकता को नहीं समझते थे। हालाँकि, अधिकांश लोगों ने राष्ट्रपति ट्रम्प पर भरोसा किया।

डोनाल्ड ट्रम्प को लॉकडाउन की आवश्यकता क्यों है? दुनिया में बिना किसी कारण के कुछ भी नहीं होता है। विश्व स्वास्थ्य संगठन (WHO) केवल उपायों की सिफारिश कर सकता है, लेकिन उनका अनिवार्य कार्यान्वयन प्रत्येक राज्य के विवेक पर निर्भर करता है। इन सवालों के जवाब अगले अध्यायों में बताए जाएंगे।

अध्याय 6: एक विधि के रूप में ध्यान भटकाने की युक्ति

आइए महामारी और डोनाल्ड ट्रंप के व्यक्तित्व के विषय को कुछ समय के लिए छोड़ दें और सैन्य रणनीति को समझने की कोशिश करें। सैन्य रणनीति में, "विचलनकारी युद्धाभ्यास" जैसी चीज होती है। अब मैं समझाऊंगा कि यह कैसे काम करता है। जब संघर्ष करने वाले पक्षों में से कोई एक दूसरे पर हमला करने की तैयारी करता है, तो वह एक विचलनकारी युद्धाभ्यास का उपयोग करता है। यह हमलावर पक्ष के नुकसान को कम करने के लिए हमले के स्थान और समय के बारे में दुश्मन को बड़े पैमाने पर गलत जानकारी देना है।

विश्व इतिहास में कई बार इसी तरह के ऑपरेशन किए गए हैं, लेकिन मैं उनमें से सबसे महत्वपूर्ण पर ध्यान केंद्रित करना चाहूंगा - 22 जून 1941 को सोवियत संघ पर नाजी जर्मनी का हमला। नाजी जर्मनी द्वारा शुरू किए गए द्वितीय विश्व युद्ध के परिणाम अभी भी दुनिया भर में स्थानीय संघर्षों को जन्म देते हैं।

सोवियत संघ पर हमले से पहले बड़े पैमाने पर दुष्प्रचार किया गया तथा विश्व समुदाय का ध्यान हमले के वास्तविक लक्ष्य से भटकाया गया।

ऑपरेशन बारबारोसा

[6]विकिपीडिया के अनुसार , यूएसएसआर के खिलाफ युद्ध की योजना बनाने की शुरुआत से ही, जर्मन नेतृत्व ने हमले के समय के बारे में सोवियत नेतृत्व को गुमराह करने के लिए गलत सूचना और रणनीतिक छलावरण का इस्तेमाल किया। युद्ध की तैयारी के लिए अनुकूल परिस्थितियाँ बनाने के लिए, हिटलर ने कूटनीतिक उपायों के साथ अपनी आक्रामक योजनाओं को छुपाया, जो सोवियत-जर्मन संबंधों के उच्च स्तर को प्रदर्शित करता था। इन "अच्छे-पड़ोसी" संबंधों की पृष्ठभूमि के खिलाफ, जर्मन सैनिकों को पूर्व में स्थानांतरित किया जा रहा था और ग्रेट ब्रिटेन के साथ युद्ध के बहाने सैन्य उत्पादन का निर्माण किया जा रहा था।

[7]उठाए गए कदमों का आकलन करते हुए गोएबल्स ने 1941 की गर्मियों में अपनी डायरी में लिखा:

> "...फ्यूहरर इस बात से बेहद प्रसन्न हैं कि पूर्वी अभियान की तैयारियों का छद्मावरण पूरी तरह सफल रहा... पूरा युद्धाभ्यास अविश्वसनीय चतुराई के साथ किया गया।"

इस रणनीति ने युद्ध की शुरुआत में सोवियत सैनिकों की हार में महत्वपूर्ण योगदान दिया। मैं आपको अपनी अगली किताब, डेमोक्रेसी: द लाइ ऑफ फ्रीडम में सभी साज़िशों के बारे में विस्तार से बताऊंगा। अब हम एक महामारी की जांच कर रहे हैं।

अब हम समझते हैं कि डायवर्सनरी पैंतरेबाज़ी क्या है और इसका इस्तेमाल विश्व अभ्यास में कैसे किया जाता है। इस पैंतरेबाज़ी का इस्तेमाल न केवल युद्ध के समय में किया जा सकता है, बल्कि, मान लीजिए, व्यापार या राजनीति में प्रतिस्पर्धियों के खिलाफ भी किया जा सकता है, विरोधियों को गलतियाँ करने के लिए मजबूर करना और विश्व समुदाय को आपकी राय के प्रति झुकाना, भले ही वह बेतुकी हो।

इंटरनेट के युग में, कोई भी बेतुकी खबर महत्वपूर्ण बन सकती है। मुख्य बात यह है कि इसे सही ढंग से प्रस्तुत किया जाए और इसे अरबों लोगों के बीच वितरित किया जाए, जिनके बीच हमेशा आपके विचार के समर्थक होंगे। एक एसएमएम प्रबंधक इस तरह की मार्केटिंग कर सकता है। मुख्य बात यह है कि अच्छी तरह से भुगतान किया जाए ताकि खबर फीकी न पड़े और पुरानी न हो जाए।

"विचलनकारी युद्धाभ्यास" नामक सैन्य रणनीति के माध्यम से दुनिया में दहशत फैलाना स्थिति का लाभ उठाने का एक तरीका हो सकता है। इन सवालों के जवाब अगले अध्यायों में बताए जाएँगे।

ध्यान भटकाने की तरकीबें और डोनाल्ड ट्रम्प

क्या आपको नहीं लगता कि डब्ल्यूएचओ पर आरोप लगाने वाले अमेरिकी राष्ट्रपति डोनाल्ड ट्रंप की हरकतें सैन्य ध्यान भटकाने की रणनीति के समान हैं? जब वे विश्व स्वास्थ्य संगठन के साथ बहस कर रहे थे, विश्व समुदाय का ध्यान भटका रहे थे, तब बहुराष्ट्रीय कंपनियाँ चीन से अपने उत्पाद वापस ले रही थीं, चीन और अन्य देशों के साथ हवाई, रेल और परिवहन संपर्क बंद कर रही थीं।

ट्रम्प को इसकी क्या ज़रूरत थी? बहुराष्ट्रीय कंपनियों के लगभग सभी कारखाने और उद्यम चीन में स्थित हैं। विश्व समुदाय का ध्यान भटकाने के लिए डोनाल्ड ट्रम्प ने चीन के साथ सीमाओं को 1.5 महीने तक बंद नहीं होने दिया, जिससे बहुराष्ट्रीय कंपनियों को दुनिया भर में अपना माल पहुंचाने और महामारी के आने का शांतिपूर्वक इंतज़ार करने की अनुमति मिल गई।

डब्ल्यूएचओ प्रमुख की चेतावनी

मेरे विचार का प्रमाण डब्ल्यूएचओ के महानिदेशक डॉ . टेड्रोस घेब्रेयसस की चेतावनी थी । **आरबीसी** के अनुसार, डब्ल्यूएचओ के प्रमुख ने कोरोनावायरस महामारी के बारे में बयानों के खतरे को समझाया, इस बात पर जोर दिया कि "महामारी" शब्द का लापरवाही से इस्तेमाल डर को बढ़ाता है और सिस्टम को पंगु बना देता है। उन्होंने स्वीकार किया कि इटली, ईरान और दक्षिण कोरिया में कोरोनावायरस का प्रसार चिंताजनक है, लेकिन संयुक्त राज्य अमेरिका ने पहले ही महामारी को अपरिहार्य घोषित कर दिया है।

25 फरवरी को, अमेरिकी सीडीसी की एनी शूचैट ने चेतावनी दी कि उभरती स्थिति से संकेत मिलता है कि महामारी अपरिहार्य है, और यह केवल समय और संक्रमण के पैमाने की बात है।

30 जनवरी को विश्व स्वास्थ्य संगठन ने नए संक्रमण के प्रकोप को अंतर्राष्ट्रीय चिंता का विषय बना सार्वजनिक स्वास्थ्य आपातकाल घोषित किया।

टेड्रोस ने घेब्रेयसस के बारे में क्या चेतावनी दी ? महामारी की शुरुआत से अपूरणीय आर्थिक परिणाम होंगे। प्रत्येक राज्य स्वतंत्र रूप से लॉकडाउन लागू कर सकता है। घेब्रेयसस आर्थिक परिणामों की जिम्मेदारी नहीं लेना चाहते, क्योंकि उन पर महामारी को अनुचित तरीके से शुरू करने का आरोप लगाया जा सकता है।

अध्याय 7: महामारी घोषित करना

12 मार्च, 2020 को विश्व स्वास्थ्य संगठन (WHO) ने एक बयान जारी कर COVID-19 को महामारी घोषित किया। इस घटना को बेहतर ढंग से समझने के लिए, आइए दस्तावेज़ के मुख्य बिंदुओं पर नजर डालें।

महामारी घोषणा

[8]यूरोप के लिए विश्व स्वास्थ्य संगठन के क्षेत्रीय कार्यालय की स्थायी समिति की बैठक में, विश्व स्वास्थ्य संगठन के निदेशक डॉ. हंस हेनरी पी. क्लूज ने यूरोपीय क्षेत्र में तेजी से बिगड़ती COVID-19 स्थिति पर रिपोर्ट दी:

> "अधिक से अधिक देश वायरस के क्लस्टर या स्थानीय संक्रमण की रिपोर्ट कर रहे हैं। हमें उम्मीद है कि आने वाले दिनों और हफ़्तों में मामले और मौतें तेज़ी से बढ़ेंगी, और हमें जहाँ तक संभव हो, सक्रिय तरीके से अपनी प्रतिक्रिया बढ़ानी चाहिए। इससे हमें

महामारी की प्रगति को धीमा करने में मदद मिलेगी, जिससे स्वास्थ्य प्रणालियों को तैयार होने और सामना करने का समय मिलेगा।"

डॉ. क्लूज ने जोर देकर कहा कि देशों को वायरस के संक्रमण को रोकने और कम करने के उपायों की प्रकृति और समय खुद तय करना चाहिए। उन्होंने सामाजिक दूरी के उपाय, स्कूल और विश्वविद्यालय बंद करने, दूर से काम करने, सार्वजनिक परिवहन का उपयोग कम करने और गैर-जरूरी यात्रा रद्द करने की सलाह दी।

[9]उन्होंने यह भी कहा कि: "यह तथ्य कि डब्ल्यूएचओ ने कोविड-19 स्थिति को महामारी के रूप में चिह्नित किया है, संगठन के पिछले जोखिम मूल्यांकन और सिफारिशों को प्रभावित नहीं करता है, जो इस बात पर जोर देते हैं कि देशों को स्थानीय स्थिति और परिस्थितियों के विश्लेषण के आधार पर विभिन्न उपायों को लागू करना चाहिए, जबकि संक्रमण को रोकने पर ध्यान केंद्रित करना चाहिए।"

विश्व स्वास्थ्य संगठन के महानिदेशक का भाषण

11 मार्च, 2020 को WHO के महानिदेशक डॉ. टेड्रोस घेब्रेयसस ने एक प्रेस ब्रीफिंग में कहा: "डब्ल्यूएचओ चौबीसों घंटे प्रकोप की स्थिति का आकलन कर रहा है और हम मामलों के प्रसार और जटिलता के खतरनाक स्तर और निष्क्रियता के खतरनाक स्तर दोनों के बारे में गहराई से चिंतित हैं। इसलिए हम इस निष्कर्ष पर पहुँचते हैं कि COVID-19 का प्रसार इसे महामारी कहा जा सकता है ।"

टेड्रोस ने कहा कि "महामारी" एक ऐसा शब्द है जिसका इस्तेमाल हल्के में नहीं किया जाना चाहिए। इसका दुरुपयोग बेबुनियाद भय पैदा कर सकता है और अनावश्यक पीड़ा और मौत का कारण बन सकता है। उन्होंने जोर देकर कहा कि COVID-19 महामारी कोरोनावायरस के कारण होने वाली पहली महामारी है, लेकिन यह हो सकती है नियंत्रण किया जा सकेगा। पहला मामला सामने आने के बाद से ही विश्व स्वास्थ्य संगठन पूरी तरह से प्रतिक्रिया मोड में है।

डॉ टेड्रोस ने कहा: "यहां तक कि जिन देशों में संक्रमण पहले से ही आबादी में फैल रहा है या जहां बड़े महामारी विज्ञान समूहों की पहचान की गई है, वे अभी भी इस प्रक्रिया को उलट सकते हैं।"

वास्तव में महामारी की घोषणा किसने की?

टेड्रोस के शब्दों में घेब्रेयसस को वास्तव में महामारी की घोषणा करते हुए नहीं बल्कि परिणामों की चेतावनी देते हुए देखा गया है। ऐसा प्रतीत होता है कि यह डॉ. हंस हेनरी पी. क्लुगे थे जिन्होंने महामारी की घोषणा की थी। सवाल उठता है: क्या कोई अधीनस्थ महानिदेशक के अधिकार का अतिक्रमण कर सकता है? शायद डॉ. टेड्रोस स्वयं को किसी भी तरह के दबाव से बचाने के लिए काम कर रहे थे और उन्होंने डॉ. हंस हेनरी पी. क्लूज से महामारी घोषित करने को कहा।

डोनाल्ड ट्रम्प का प्रभाव

यह याद रखना ज़रूरी है कि अमेरिकी राष्ट्रपति डोनाल्ड ट्रंप ने धमकी दी थी कि अगर उनकी मांगें नहीं मानी गईं तो वे WHO को फंड देना बंद कर देंगे। मैं अपनी नई किताब, डेमोक्रेसी: द लाइ ऑफ़ फ्रीडम में इस पर विस्तार से चर्चा करूँगा।

विश्व समुदाय और राष्ट्रपति ट्रम्प के दबाव में डब्ल्यूएचओ महामारी घोषित कर सकता था। हालांकि, यह ध्यान देने योग्य है कि एक व्यवसायी के रूप में डोनाल्ड ट्रम्प ने अमेरिकी अर्थव्यवस्था को बढ़ावा देने, देश में कारखानों को वापस लाने और नए रोजगार पैदा करने की मांग की। हालांकि, अंतरराष्ट्रीय कंपनियां अन्य देशों में सस्ते श्रम के कारण अमेरिका में उत्पादन वापस नहीं करना चाहती थीं।

यह पता लगाने के लिए कि महामारी की जरूरत किसे थी, हमें अंतर्राष्ट्रीय क्षेत्र में आगे की घटनाओं का विश्लेषण करने की आवश्यकता है।

अध्याय 8: लॉकडाउन के कानूनी पहलू: अधिकारों और स्वतंत्रता का उल्लंघन या एक आवश्यक उपाय?

महामारी घोषित होने के बाद, दुनिया के ज़्यादातर हिस्से में लॉकडाउन लगा दिया गया। भारी जुर्माने की धमकी के चलते दुनिया भर के लोगों को घर पर रहने के लिए मजबूर होना पड़ा। महामारी की अवधि के दौरान ज़्यादातर व्यवसाय बंद हो गए और मास्क, दस्ताने और वेंटिलेटर दुर्लभ वस्तु बन गए। सुरक्षात्मक उपकरणों की कमी के कारण, कुछ देशों ने मास्क के निर्यात पर प्रतिबंध लगा दिया। मीडिया कोरोनावायरस के बारे में खबरों से भरा पड़ा था।

शायद ये सारे उपाय कोविड-19 को रोकने के लिए ज़रूरी थे। अगर एक "लेकिन" न होता...

लॉकडाउन के लिए कानूनी ढांचे की समस्याएं

किसी भी देश में लॉकडाउन लगाने का कानूनी आधार तैयार नहीं था। स्वतंत्रता किसी भी लोकतंत्र की नींव है: चुनाव की स्वतंत्रता, आवागमन की स्वतंत्रता, संचार की स्वतंत्रता, एकत्र होने की स्वतंत्रता और बहुत कुछ। आवागमन की स्वतंत्रता को प्रतिबंधित करके, देशों की सरकारों ने नागरिकों से पूछे बिना उनके अधिकारों को प्रतिबंधित कर दिया। इसके बाद, कई मानवाधिकार संगठनों ने लोगों की आवाजाही की स्वतंत्रता को प्रतिबंधित करने के लिए दुनिया के विभिन्न देशों में मुकदमे दायर किए। हालाँकि, वे सभी हार गए, क्योंकि अदालतों ने अपने फैसले संविधान के उन अनुच्छेदों पर आधारित किए, जिनमें कहा गया है कि राज्य अपने नागरिकों के स्वास्थ्य और कल्याण का ध्यान रखने के लिए बाध्य है।

लॉकडाउन लगाने से पहले जनमत संग्रह कराया जाना चाहिए था जिसमें लोगों से पूछा जाना चाहिए था कि वे क्या चाहते हैं: यात्रा प्रतिबंध या लॉकडाउन। हालांकि, किसी भी देश ने ऐसा नहीं किया, जिसके कारण बाद में लोगों को अपनी सरकारों पर अविश्वास होने लगा।

मानवाधिकार और कोविड-19

मानव संगठन राइट्स वॉच के अनुसार :

अंतर्राष्ट्रीय मानवाधिकार मानक सभी को स्वास्थ्य के उच्चतम प्राप्त करने योग्य मानक का अधिकार देते हैं और राज्यों को सार्वजनिक स्वास्थ्य के लिए खतरों को रोकने के लिए उपाय करने के लिए बाध्य करते हैं। वे यह भी निर्धारित करते हैं कि स्वास्थ्य के लिए गंभीर खतरों और राष्ट्र के जीवन को खतरे में डालने वाली आपातकालीन स्थितियों में, कुछ अधिकारों और स्वतंत्रताओं पर प्रतिबंध अनुमेय हैं। ये प्रतिबंध कानूनी, वैज्ञानिक रूप से उचित और समय में सीमित होने चाहिए। यह महत्वपूर्ण है कि वे

भेदभावपूर्ण न हों और मानवीय गरिमा का सम्मान करें।

[10]कोविड-19 महामारी निश्चित रूप से कुछ अधिकारों और स्वतंत्रताओं, जैसे कि आवागमन की स्वतंत्रता, पर प्रतिबंध को उचित ठहराती है। साथ ही, गैर-भेदभाव के अधिकार, साथ ही पारदर्शिता और मानवीय गरिमा के सम्मान के सिद्धांतों जैसे अधिकारों का सम्मान किया जाना चाहिए। इससे संकट का प्रभावी ढंग से सामना करने और अत्यधिक प्रतिबंधों की शुरुआत से जुड़े नकारात्मक परिणामों को कम करने में मदद मिलेगी।

लॉकडाउन में उनकी भूमिका

जैसा कि हम पहले से ही जानते हैं, WHO सिर्फ देशों को सलाह दे सकता है, अपनी नीतियाँ नहीं थोप सकता। इसने देशों में लॉकडाउन लागू करने को उचित ठहराया और अपने अधिकार का इस्तेमाल करके अदालतों पर दबाव बनाया। मुझे लगता है कि यह गलत है। कल्पना कीजिए कि अगर कोई अंतरराष्ट्रीय मानवाधिकार संगठन कहता कि स्वास्थ्य सेवा के क्षेत्र में पिछड़े देशों या सैन्य संघर्ष वाले देशों को सहायता देना गलत और अवैध है, तो क्या हेग मानवाधिकार न्यायालय ने उसकी बात सुनी होती?

डब्ल्यूएचओ को कानूनी मुद्दों से नहीं निपटना चाहिए, बल्कि दुनिया के सभी देशों को बीमारियों के लिए इष्टतम और प्रभावी उपचार खोजने के लिए एकजुट करना चाहिए। हालाँकि, यह सिर्फ मेरी राय है।

अध्याय 9: अभूतपूर्व उपाय: पिछले 20 वर्षों की महामारियों और कोविड-19 के प्रति लॉकडाउन की प्रतिक्रिया की तुलना

इस पुस्तक में चर्चा के लायक एक सवाल यह है कि क्या दुनिया ने कभी अन्य बीमारियों के लिए इतने बड़े पैमाने पर लॉकडाउन का अनुभव किया है। मैं हमारे ग्रह पर मौजूद हर बीमारी को कवर नहीं करूंगा, बल्कि उन पर ध्यान केंद्रित करूंगा जो पिछले 20 वर्षों में उभरी हैं।

इस दौरान, दुनिया को कई महामारियों का सामना करना पड़ा, जिसने बड़े क्षेत्रों में मनुष्यों और जानवरों दोनों को प्रभावित किया। इन बीमारियों ने अलग-अलग देशों की सीमाओं से परे क्षेत्रों को प्रभावित किया, जिससे विश्व स्वास्थ्य संगठन (WHO) के लिए एक गंभीर चुनौती पैदा हुई और मीडिया में व्यापक कवरेज मिला।

इसका एक उदाहरण चीन के गुआंग्डोंग प्रांत में 2002 में फैला सार्स का प्रकोप है, जो जल्द ही वियतनाम, न्यूजीलैंड और इंडोनेशिया जैसे अन्य क्षेत्रों और देशों में फैल गया।

एक और गंभीर बीमारी बर्ड फ्लू थी, जो 2013 में दक्षिण और पूर्वी एशिया में सामने आई थी। यह संक्रमित पक्षियों से मनुष्यों में फैलता है, और इसके प्रसार को रोकने के लिए लाखों पक्षियों को मार दिया गया था।

2009 का स्वाइन फ्लू भी एक बड़ा खतरा बन गया, जो मैक्सिको से शुरू होकर पूरी दुनिया में फैल गया। WHO ने इसे 41 सालों में पहली नई फ्लू महामारी घोषित किया।

2014 में पोलियो के मामलों में वृद्धि हुई, जो मुख्य रूप से पांच साल से कम उम्र के बच्चों को प्रभावित करता है। हालांकि यह बीमारी लाइलाज है, लेकिन टीकों ने मामलों की संख्या में काफी कमी की है।

इन सभी महामारियों के बावजूद, कोविड-19 के खिलाफ लगाए गए लॉकडाउन जैसे लॉकडाउन का इस्तेमाल नहीं किया गया। ये बीमारियाँ अत्यधिक संक्रामक और जानलेवा थीं, लेकिन इनका आर्थिक प्रभाव बहुत कम था और ज्यादातर लोगों ने इन पर ध्यान

नहीं दिया। इनके बारे में बात की गई, लेकिन इनसे रोज़मर्रा की ज़िंदगी में वैसा बदलाव नहीं आया जैसा कोरोनावायरस ने किया है।

मैंने उन बीमारियों के उदाहरण दिए, जो कोविड-19 की तरह निमोनिया के गंभीर रूपों का कारण बनीं, लेकिन जिनके कारण लॉकडाउन जैसे बड़े पैमाने पर उपाय नहीं किए गए।

अध्याय 10: प्रतिकूल उपाय: कोविड-19 और निमोनिया की तुलना और स्वास्थ्य और समाज पर उनका प्रभाव

COVID-19 ने वैश्विक समुदाय का इतना ध्यान क्यों आकर्षित किया है? इसे समझने के लिए, आइए COVID-19 और निमोनिया के उपचार और रोकथाम के तरीकों पर नज़र डालें।

[11]सामुदायिक-अधिग्रहित निमोनिया एक सूजन वाली फेफड़ों की बीमारी है जो अस्पताल के बाहर विकसित होती है या अस्पताल में भर्ती होने के बाद पहले दो दिनों में पता चलती है। यह अक्सर बैक्टीरिया स्ट्रेप्टोकोकस न्यूमोनिया के कारण होता है , हालांकि माइकोप्लाज्मा या लीजियोनेला जैसे अन्य सूक्ष्मजीव भी इसका कारण हो सकते हैं। निमोनिया हवा में मौजूद बूंदों से फैलता है, और संक्रमण का जोखिम विशेष रूप से फ्लू या सर्दी जैसी वायरल बीमारियों के बाद अधिक होता है।

निमोनिया के लक्षणों में बुखार, खांसी, सांस लेने में तकलीफ और सीने में दर्द शामिल हैं। गंभीर मामलों में, कमजोरी, भूख न लगना, मतली और क्षिप्रहृदयता भी शामिल है। निमोनिया की रोकथाम में टीकाकरण, स्वच्छता, स्वस्थ जीवन शैली और हाइपोथर्मिया से बचना शामिल है।

अब आइए COVID-19 के लक्षणों पर नज़र डालें। कोरोनावायरस संक्रमण अलग-अलग लोगों में अलग-अलग तरीके से प्रकट होता है, लेकिन सबसे आम लक्षण निमोनिया के समान हैं: बुखार, खांसी, थकान। इसके अलावा, गंध और स्वाद की कमी, गले में खराश और सिरदर्द, साथ ही दाने या त्वचा का रंग बदलना आम है। ऊष्मायन अवधि 5 से 14 दिनों तक रहती है।

जैसा कि हम देख सकते हैं, COVID-19 के लक्षण कई मायनों में निमोनिया के लक्षणों से मिलते-जुलते हैं। COVID-19 भी निमोनिया पर आधारित है, लेकिन समस्या यह है कि कोरोनावायरस के साथ, इस निमोनिया की अपनी विशेषताएं और जटिलताएं हैं, जो वायररा को विशेष रूप से खतरनाक बनाती हैं।

निमोनिया को मानव जाति लंबे समय से एक घातक बीमारी के रूप में जानती है। WHO के अनुसार, निमोनिया दुनिया भर में 5 वर्ष से कम उम्र के बच्चों में होने वाली 15% मौतों का कारण है, जो हर साल लगभग दस लाख बच्चों की जान ले लेता है। और यह केवल बच्चों में होता है, वयस्क आबादी को ध्यान में नहीं रखा जाता है।

यह उल्लेखनीय है कि निमोनिया को रोकने के लिए, एक स्वस्थ जीवन शैली का नेतृत्व करने की सिफारिश की जाती है: व्यायाम करें, ताज़ी हवा में टहलें, धूम्रपान न करें। हालाँकि, COVID-19 महामारी के दौरान, हमें घर पर रहने, शारीरिक गतिविधि और सैर को सीमित करने का आदेश दिया गया था। यह केवल कोरोनावायरस के कारण होने वाली स्थिति की विशिष्टता और खतरे पर जोर देता है, जिसने दुनिया को अन्य श्वसन रोगों के साथ समानता के बावजूद ऐसे कट्टरपंथी उपाय करने के लिए मजबूर किया।

और सबसे महत्वपूर्ण बात, किसी भी बीमारी के लिए, जैसा कि कोई भी डॉक्टर आपको बताएगा, सकारात्मक दृष्टिकोण महत्वपूर्ण है, ठीक होने में विश्वास। ऐसा करने के लिए, आपको एक सक्रिय जीवनशैली बनाए रखने की आवश्यकता है: चलना, अन्य लोगों के साथ संवाद करना और चलते रहना। हालाँकि, COVID-19 के साथ, विपरीत हुआ - लोग अपने घरों में बंद थे, जिससे ज्यादातर मामलों में अवसाद और उनकी मानसिक स्थिति बिगड़ गई, जिसने COVID-19 के लिए मृत्यु दर के आंकड़ों में गिरावट को भी प्रभावित किया।

और हम अन्य बीमारियों पर COVID-19 प्रतिबंधों के प्रभाव के बारे में अलग से एक अन्य अध्याय में बात करेंगे।

अध्याय 11: सामूहिक आतंक और उसके परिणाम: महामारी के दौरान चिकित्सा सलाह और सार्वजनिक स्वास्थ्य पर प्रभाव

लेकिन यह सब नहीं है। अन्य बातों के अलावा, हमें मास्क पहनने और एंटीसेप्टिक्स का उपयोग करने के लिए मजबूर किया गया। हालाँकि, यदि आप निमोनिया की रोकथाम के लिए सिफारिशों को देखते हैं, तो वे डिस्पोजेबल नैपकिन का उपयोग करने की सलाह देते हैं। नैपकिन को प्राथमिकता क्यों दी जाती है? कल्पना करें कि आप COVID-19 से बीमार पड़ गए हैं, और आपको इसके विशिष्ट लक्षणों में से एक है - साँस लेने में कठिनाई। ऐसी स्थिति में, एक मास्क हवा के प्रवाह को प्रतिबंधित करके आपकी स्थिति को और खराब कर सकता है, जबकि एक नैपकिन का उपयोग करके तुरंत फेंक दिया जा सकता है, जिससे आप स्वतंत्र रूप से साँस ले सकते हैं।

[12]इसके अलावा, वायरस के प्रसार को रोकने के लिए हमें बाहर जाने से मना किया गया था। लेकिन अगर हम कोविड-19 और निमोनिया दोनों की रोकथाम के लिए सिफारिशों को याद रखें, तो ताजी हवा में और खेल खेलते समय, गहरी साँस लेने से फेफड़ों को साफ करने और प्रतिरक्षा प्रणाली को मजबूत करने में मदद मिलती है। घर पर रहना, यहां तक कि हर दो घंटे में परिसर को हवादार करने की सिफारिशों के साथ, समान प्रभाव प्रदान नहीं करता है। जब हम बिना हिले-डुले बैठे रहते हैं, तो हमारी प्रतिरक्षा सबसे अधिक कम हो जाती है, बढ़ती नहीं।

ऐसे सख्त उपाय क्यों शुरू किए गए? यह बहस का विषय है। व्यक्तिगत रूप से, मेरा मानना है कि COVID-19, साथ ही निमोनिया को रोकने के लिए मुख्य नियमों में से एक उचित पोषण है। लेकिन अगर आप घर पर बैठते हैं और काम नहीं करते हैं, तो आपको उचित पोषण के लिए पैसे कहाँ से मिलेंगे? यह विकासशील देशों के लिए विशेष रूप से सच है, जहाँ लोगों को महत्वपूर्ण लाभ नहीं मिला। साथ ही, मास्क और एंटीसेप्टिक्स पर काफी रकम खर्च करनी पड़ी, जिसकी कीमत कई गुना बढ़ गई।

[13]जैसा कि हम देख सकते हैं, COVID-19 और निमोनिया के लक्षण समान हैं, इसलिए, उपचार के तरीके भी समान होने चाहिए। इंटरनेट पर, आप निमोनिया के उपचार के लिए कई सिफारिशें पा सकते हैं, जो कोरोनावायरस के लिए उपयोग की जाने वाली सिफारिशों के समान हैं - वही एंटीबायोटिक्स, बिस्तर पर आराम और शरीर को ज़्यादा गरम होने से रोकना। उदाहरण के लिए, रूस की संघीय चिकित्सा और जैविक एजेंसी के क्लिनिकल अस्पताल नंबर 172 के पल्मोनोलॉजी विभाग के प्रमुख यूरी वासिलीविच रीगा द्वारा 2017 में दी गई जानकारी, निमोनिया के लिए एंटीबायोटिक्स के उपयोग के महत्व और IVs का उपयोग करते समय डॉक्टरों द्वारा सख्त नियंत्रण की आवश्यकता पर जोर देती है।

WHO ने भी गंभीर रूप से बीमार COVID-19 के लिए IVs और एंटीकोएगुलंट्स की सिफारिश की है, लेकिन केवल आपातकालीन मामलों में और करीबी चिकित्सा पर्यवेक्षण के तहत। हालांकि, बीमारी के डर और घबराहट के कारण, कई लोगों ने सामूहिक रूप से IVs का उपयोग करना शुरू कर दिया, भले ही यह अनुचित था, जिससे गंभीर जटिलताएं और यहां तक कि मौतें भी हुईं। मीडिया और राजनेताओं ने लोगों को बहुत डरा दिया, जिसके कारण अंततः दवाओं का अनुचित उपयोग और स्वास्थ्य में गिरावट आई।

व्यक्तिगत अनुभव इसकी पुष्टि करता है। 2020 में, जब मैं खुद बीमार पड़ा, तो बीमारी हल्की थी, लेकिन डॉक्टरों से सुनने के बाद कि मेरे 95% फेफड़े प्रभावित थे, मैं सबसे मजबूत दवाओं और IVs का सहारा लेने के लिए तैयार था। हालाँकि, एक ऑनलाइन प्लेटफ़ॉर्म के माध्यम से डॉक्टर से परामर्श करने के लिए धन्यवाद, मुझे पता चला कि मेरे मामले में यह खतरनाक होगा, और उनकी सिफारिशों का पालन करते हुए, मैं जल्दी से ठीक हो गया। उसी समय, मेरे रिश्तेदारों ने जो कुछ देखा और सुना, उससे भयभीत होकर, IVs पर जोर दिया और केवल उनकी हालत खराब हो गई।

इससे पता चलता है कि उचित चिकित्सा देखभाल कितनी महत्वपूर्ण है और लोग कितनी आसानी से स्व-चिकित्सा के जाल में फंस सकते हैं, खासकर घबराहट और संसाधनों की कमी के समय में। विकसित देश दुनिया भर से डॉक्टरों की भर्ती कर रहे हैं, जिससे विकासशील देशों में चिकित्सा कर्मियों की और भी अधिक कमी हो गई है। इन सबके कारण गंभीर परिणाम सामने आए हैं, जिन्हें शायद टाला जा सकता था अगर घबराहट पैदा न की गई होती और लोगों ने गंभीर रूप से बीमार लोगों के लिए बनाई गई दवाओं को बिना वास्तविक आवश्यकता के न लिया होता।

अध्याय 12: प्रबंधन उपकरण के रूप में घबराहट: संकट में शिक्षा और प्रभाव

घबराहट क्या है? परिभाषा के अनुसार, घबराहट अचानक होने वाला डर है जो इतना प्रबल होता है कि यह तार्किक सोच को दबा देता है। घबराहट व्यक्तिगत रूप से प्रभावित हो सकती है या सामूहिक घटना के रूप में प्रकट हो सकती है।

घबराहट के उभरने में सामाजिक स्थिति, जानकारी की कमी या अधिकता की विशेष भूमिका होती है। जैसा कि एबी कोवलेंको और एनएन कोर्नेव ने बताया है, घबराहट भीड़ का वह व्यवहार है जो संकट के समय होता है, जब व्यवहार के अभ्यस्त रूप नष्ट हो जाते हैं। शब्द "पैनिक" ग्रीक देवता पैन के नाम से आया है, जो मिथकों के अनुसार, जानवरों के झुंड में भय और अराजकता पैदा करता था।

[14]घबराहट की शुरुआत एक चौंकाने वाली घटना से होती है जो एक झटके का कारण बनती है। यह घटना कुछ बिल्कुल नई या अप्रत्याशित रूप से तीव्र हो सकती है जो सभी का ध्यान आकर्षित करती है। ऐसी स्थिति में, एक व्यक्ति भ्रम का अनुभव करता है और अपने अनुभव के ढांचे के भीतर जो कुछ हो रहा है उसके लिए एक स्पष्टीकरण खोजने की कोशिश करता है। यदि प्रारंभिक चरण में डर को दबाया नहीं जाता है, तो यह तीव्र होने लगता है, और घबराहट अधिक से अधिक लोगों को प्रभावित करती है। यह ध्यान रखना महत्वपूर्ण है कि घबराहट एक व्यक्ति से दूसरे व्यक्ति में फैलती है, और इस प्रक्रिया में तीव्र होती जाती है।

[15]इस तरह की दहशत का एक उदाहरण 30 अक्टूबर, 1938 को न्यू जर्सी में हुआ मामला है, जब एचजी वेल्स के उपन्यास "द वार ऑफ़ द वर्ल्ड्स" के रेडियो नाटक ने श्रोताओं के बीच बड़े पैमाने पर दहशत पैदा कर दी थी। हालाँकि श्रोताओं को चेतावनी दी गई थी कि यह एक धोखा है, लेकिन कई लोगों ने इसे सच मान लिया और वहाँ से निकल जाना शुरू कर दिया। इस स्थिति ने दिखाया कि सूचना के प्रभाव में कितनी आसानी से बड़े पैमाने पर दहशत पैदा हो सकती है, खासकर उच्च सामाजिक और राजनीतिक तनाव की स्थिति में।

ऐसी स्थितियों में घबराहट बढ़ जाती है जहाँ विश्वसनीय जानकारी का अभाव होता है या जहाँ नेतृत्व में विश्वास की कमी होती है। थकान, भूख या अवसाद जैसे शारीरिक कारक भी घबराहट में योगदान दे सकते हैं क्योंकि वे किसी व्यक्ति की स्थिति का पर्याप्त रूप से आकलन करने की क्षमता को कम कर देते हैं। मनोवैज्ञानिक कारक जैसे अचानक डर या अकेलेपन की भावना घबराहट को बढ़ाती है, और सामाजिक कारक जैसे अफ़वाहें या झूठी जानकारी इसके प्रसार में योगदान करती हैं।

घबराहट व्यक्तिगत, समूह या सामूहिक स्तर पर हो सकती है। यह हल्के, मध्यम या कुल पैमाने पर हो सकती है, और अल्पकालिक, दीर्घकालिक या लंबे समय तक चलने वाली हो सकती है। घबराहट अचानक हो सकती है और बड़ी संख्या में लोगों को प्रभावित कर सकती है, खासकर अगर कोई प्रभावी नेतृत्व न हो और विश्वसनीय जानकारी उपलब्ध न हो।

जब कोविड-19 महामारी शुरू हुई, तो अमेरिकी राष्ट्रपति डोनाल्ड ट्रंप ने विश्व स्वास्थ्य संगठन पर निष्क्रियता और चीन को बचाने का आरोप लगाया। लेकिन ऐसा क्यों ज़रूरी था? इस पर विचार करने पर पता चलता है कि यह एक ऐसी प्रक्रिया की शुरुआत थी जिसने बड़े पैमाने पर दहशत फैलाई। अमेरिका, चीन और रूस के बीच आर्थिक तनाव डर फैलाने के लिए उपजाऊ ज़मीन बन गया।

दुनिया भर में लॉकडाउन शुरू होने के साथ ही दहशत बढ़ गई। सोशल मीडिया सूचना का मुख्य स्रोत बन गया और खाद्यान्न की कमी और टॉयलेट पेपर को एक साथ बड़े पैमाने पर खरीदने की ज़रूरत की अफ़वाहें दुनिया भर में फैल गईं। स्थिति की बेतुकी

स्थिति के बावजूद, दुनिया भर के लोगों ने इस उत्पाद को खरीदना शुरू कर दिया, जिससे और भी ज़्यादा दहशत फैल गई।

इतने बड़े पैमाने पर सूचना हमले का आयोजन करने के लिए महत्वपूर्ण संसाधनों की आवश्यकता होती है - वित्तीय और मानवीय। इसे कौन वित्तपोषित कर सकता है और किस उद्देश्य से? आतंक पर लेख में स्पष्ट रूप से कहा गया है कि आतंक पैदा करने के लिए, कुछ असामान्य की आवश्यकता होती है जो आश्चर्य और चिंता का कारण बनती है। इस मामले में, यह टॉयलेट पेपर था। लोगों को समझ में नहीं आया कि यह उत्साह का विषय क्यों था, लेकिन फिर भी वे इसे खरीदने के लिए लाइनों में खड़े थे।

इसके परिणामस्वरूप होने वाली घबराहट ने सामूहिक उन्माद को जन्म दिया। लोग घर पर ही रहने लगे, डॉक्टर के पास जाने से डरने लगे और शक्तिशाली दवाओं से खुद ही दवा लेने लगे। इसके कारण बड़ी संख्या में मौतें हुईं, क्योंकि कई लोगों ने गंभीर रूप से बीमार लोगों के लिए बनाई गई दवाओं को बिना किसी वास्तविक आवश्यकता के ले लिया।

दिलचस्प बात यह है कि किसी ने कभी यह जांच नहीं की कि दहशत का माहौल किसने बनाया। इससे पता चलता है कि दहशत का माहौल बहुत ही कुशलता से बनाया गया था और किसी को भी इसके लिए जिम्मेदार नहीं ठहराया गया। भले ही हम इस बात को ध्यान में रखें कि महामारी ने वास्तव में कई लोगों की जान ली, लेकिन सवाल यह है कि बर्ड फ्लू या स्वाइन फ्लू जैसे समान खतरों के लिए इतने सख्त उपाय क्यों नहीं किए गए और इतनी दहशत क्यों नहीं फैली।

महामारी की शुरुआत पर नज़र डालने पर यह स्पष्ट हो जाता है कि बड़े पैमाने पर फैली दहशत एक जटिल और सुव्यवस्थित सूचना युद्ध का हिस्सा थी, जिसका दुनिया भर के लोगों के व्यवहार पर व्यापक प्रभाव पड़ा।

अध्याय 13: कोविड-19 महामारी के दौरान लॉकडाउन के नैतिक और आर्थिक पहलू: सख्त उपायों का औचित्य और विभिन्न देशों में सामाजिक असमानता पर उनका प्रभाव

हालाँकि, इतिहास में कभी भी लोगों की मुक्त आवाजाही पर इतने बड़े पैमाने पर प्रतिबंध नहीं लगाए गए हैं, जितने कि कोविड-19 महामारी के दौरान लगाए गए हैं। आम नागरिकों के लिए लॉकडाउन की शुरुआत कितनी उचित थी? मैंने एक बार एक व्यक्ति से एक वाक्य सुना था: "मुझे परवाह नहीं है कि मैं किससे मरूँ - बीमारी से या भूख से।" शायद आप कहेंगे कि राज्य ने लोगों को उनकी आय और व्यय के लिए मुआवज़ा दिया। हाँ, यह विकसित देशों, जैसे कि संयुक्त राज्य अमेरिका या यूरोपीय देशों के लिए सच था, जहाँ सहायता महत्वपूर्ण थी। लेकिन अन्य देशों में, यह सहायता न्यूनतम थी, और कुछ में यह पूरी तरह से अनुपस्थित थी।

ऐसा विश्व जो कथित तौर पर निष्पक्ष प्रतिस्पर्धा के लिए प्रयास करता है, वैश्विक संकट के सामने पूरी तरह से असमान साबित हुआ है। टेड्रोस विश्व स्वास्थ्य संगठन के महानिदेशक घेब्रेयसस ने महामारी के संभावित आर्थिक परिणामों के बारे में चेतावनी दी। सबसे ज़्यादा लाभ संयुक्त राज्य अमेरिका में दिए गए, और हम देख सकते हैं कि राष्ट्रपति डोनाल्ड ट्रम्प ने प्रतिबंध हटने के बाद अपने नागरिकों को काम पर जाने के लिए कैसे राजी करने की कोशिश की, जबकि घर पर रहने के लिए ज़्यादा लाभ थे। संयुक्त राज्य अमेरिका से मेरे एक मित्र ने कहा: "मुझे घर पर रहने के लिए काम करने की तुलना में ज़्यादा पैसे मिलते हैं।" इससे कई लोगों में ईर्ष्या पैदा हुई, क्योंकि दूसरे देशों में ऐसा कुछ नहीं था।

कुछ देशों में, लोगों को केवल न्यूनतम खाद्य पैकेज दिए गए थे, और सबसे विकट परिस्थितियों में, परिवारों ने अपने घरों के सामने लाल कपड़े लटककर अपनी ज़रूरत का संकेत दिया ताकि स्वयंसेवक उन्हें भोजन ला सकें। यह मज़ेदार नहीं था। ऐसी परिस्थितियों में, मेरे वार्ताकार के शब्द कि इससे कोई फ़र्क नहीं पड़ता कि आप किस बीमारी से मरते हैं, विशेष रूप से प्रासंगिक थे। लोगों के सामने एक कठिन विकल्प था: अकेले बीमारी से मरना या अपने प्रियजनों के साथ भूख से मरना। कई लोगों के लिए, न तो जुर्माना और न ही आत्म-अलगाव का उल्लंघन करने के लिए आपराधिक दंड मायने रखता था।

लेकिन आइए भावनाओं को एक तरफ रख दें। मैं उनके लिए माफी मांगता हूं, क्योंकि किसी भी जासूस को निष्पक्ष जांच करने के लिए अपनी भावनाओं पर नियंत्रण रखना चाहिए।

तो, बहुत से लोग पहले ही लॉकडाउन से पीड़ित हो चुके हैं। लेकिन इसका फ़ायदा किसे हुआ? आखिरकार, कोई भी अर्थशास्त्री आपको यही बताएगा कि क्रय शक्ति के बिना अर्थव्यवस्था नहीं चल सकती। लोगों को चीज़ें खरीदने के लिए आय की ज़रूरत होती है, और जब अर्थव्यवस्था रुकी, तो दुनिया भर में लाखों लोगों की ज़िंदगी भी रुक गई।

अध्याय 14: महामारी के दौरान व्यवसाय के लिए सरकारी समर्थन में असमानता: वास्तव में कौन जीतता है?

आइए महामारी के दौरान सरकार से सहायता प्राप्त करने वाली बड़ी कंपनियों के कुछ उदाहरण देखें। मैंने विशेष रूप से संयुक्त राज्य अमेरिका में पंजीकृत और संचालित कंपनियों को चुना, क्योंकि यह दुनिया के सबसे अमीर देशों में से एक है। अगर संयुक्त राज्य अमेरिका में ऐसा कुछ हुआ, जिसके पास बहुत सारे वित्तीय संसाधन हैं, तो आप कल्पना कर सकते हैं कि विकासशील देशों में स्थिति कितनी कठिन थी। संयुक्त राज्य अमेरिका अक्सर वित्तीय नीति के क्षेत्र में अन्य देशों के लिए एक उदाहरण के रूप में कार्य करता है, और कई देश अपनी क्षमताओं के आधार पर उनके कदमों का अनुसरण करने का प्रयास करते हैं।

[16], फोर्ड को ही लें । अमेरिकी ऑटोमेकर को गंभीर आर्थिक कठिनाइयों का सामना करना पड़ रहा था और उसे प्रतिस्पर्धात्मकता और लाभप्रदता में सुधार करने के लिए एक बड़ा पुनर्गठन करने के लिए मजबूर होना पड़ा। इन परिवर्तनों के हिस्से के रूप में, फोर्ड ने संयुक्त राज्य अमेरिका में लगभग 1,400 नौकरियों में कटौती करने की योजना बनाई, जो देश में इसके कुल कार्यबल का लगभग 5% है। कटौती कंपनी की दक्षता में सुधार करने की एक बड़ी रणनीति का हिस्सा थी।

[17]एक और उदाहरण अमेरिकन एयरलाइंस है, जो संयुक्त राज्य अमेरिका की सबसे बड़ी एयरलाइनों में से एक है। कंपनी ने पहले संघीय सहायता में $25 बिलियन प्राप्त करने के बावजूद लगभग 19,000 कर्मचारियों को निकालने की योजना बनाई थी। यह धनराशि अनुदान के रूप में प्रदान की गई थी जिसे चुकाने की आवश्यकता नहीं थी। हालाँकि, इस सहायता को प्राप्त करने की शर्त सितंबर 2020 के अंत तक बड़े पैमाने पर छंटनी न करने की प्रतिबद्धता थी। इसके बावजूद, एयरलाइन अतिरिक्त सहायता प्रदान नहीं किए जाने पर बड़े पैमाने पर छंटनी की तैयारी कर रही थी।

ये मामले बताते हैं कि दुनिया के सबसे अमीर देश में भी, बड़ी कंपनियों को महत्वपूर्ण सरकारी सहायता के बावजूद गंभीर वित्तीय राहस्याओं का सामना करना पड़ा है। अगर संयुक्त राज्य अमेरिका में ऐसा है, जहाँ व्यवसाय को समर्थन देने के लिए ससाधन लगभग असीमित हैं, तो कोई केवल कल्पना कर सकता है कि कम विकसित देशों में कंपनियों को किन कठिनाइयों का सामना करना पड़ा होगा। इस प्रकार, बड़े व्यवसायों के लिए समर्थन का उद्देश्य समग्र रूप से अर्थव्यवस्था की स्थिरता बनाए रखना था, लेकिन कई छोटे व्यवसायों के लिए यह अपर्याप्त था। यह संसाधन वितरण की निष्पक्षता और संकट उपायों से व्यवसाय और समाज के विभिन्न क्षेत्रों को कैसे प्रभावित करता है, इस बारे में महत्वपूर्ण प्रश्न उठाता है।

अब आइए अमेरिकी सरकार द्वारा छोटे और मध्यम आकार के व्यवसायों के लिए प्रदान किए गए सहायता उपायों पर नज़र डालें। हालाँकि ये उपाय महत्वपूर्ण और बड़े पैमाने पर थे, लेकिन उन तक पहुँचना मुश्किल था और सभी कंपनियाँ उनका लाभ नहीं उठा पा रही थीं। जबकि बड़ी कंपनियों को महत्वपूर्ण मात्रा में धन प्राप्त हुआ और उन्हें अनुदान तक पहुँच मिली, छोटे और मध्यम आकार के व्यवसायों को अक्सर महामारी से बचने की कोशिश में खुद को मुश्किल स्थिति में पाया।

संयुक्त राज्य अमेरिका में, लघु व्यवसाय प्रशासन (SBA) के माध्यम से $350 बिलियन का ऋण कार्यक्रम शुरू किया गया था। 500 कर्मचारियों तक वाली कंपनियों को 1% प्रति वर्ष की दर से $10 मिलियन तक का ऋण मिल सकता था। इन निधियों का उद्देश्य वेतन, किराया और उपयोगिताओं का भुगतान करना था। यदि कंपनी कर्मचारियों को नहीं निकालती, तो इन उद्देश्यों के लिए उपयोग किए गए ऋण को ब्याज सहित पूरी तरह से माफ कर दिया जाता था।

हालांकि, इस कार्यक्रम को कई समस्याओं का सामना करना पड़ा। शुरुआती दिनों में, आवेदनों की संख्या इतनी अधिक थी कि सिस्टम लोड को संभाल नहीं पाया। इससे उद्यमियों और बैंकों दोनों की ओर से कई शिकायतें हुईं। ट्रेजरी विभाग और एसबीए समय पर विस्तृत निर्देश देने में विफल रहे, और आवेदन पत्रों में त्रुटियां थीं और उन्हें मैन्युअल रूप से भरना पड़ा। आधिकारिक एसबीए वेबसाइट अक्सर ओवरलोड के कारण जम जाती थी।

कई बैंक भी इतनी बड़ी संख्या में आवेदन प्राप्त करने और उन्हें संसाधित करने के लिए तैयार नहीं थे। उदाहरण के लिए, जेपी मॉर्गन चेस ने सोमवार सुबह से ही ऑर्डर स्वीकार करना शुरू कर दिया था, लेकिन तकनीकी समस्याओं के कारण जल्द ही इसे रोक दिया गया। सिटीग्रुप ने मंगलवार तक कोई भी ऑर्डर स्वीकार नहीं किया। बैंक ऑफ अमेरिका ने शुक्रवार को प्रक्रिया शुरू की, लेकिन अपने नियमित ग्राहकों को प्राथमिकता दी, जिससे अन्य व्यवसायों में निराशा पैदा हो गई।

इन कठिनाइयों के जवाब में, अमेरिकी सरकार ने छोटे और मध्यम आकार के व्यवसायों के लिए 250 बिलियन डॉलर का अतिरिक्त सहायता पैकेज तैयार किया। हालाँकि, बढ़ी हुई फंडिंग के बावजूद, कार्यक्रम में समस्याएँ आती रहीं। इसका एक कारण बैंकों का जोखिम का डर था: उन्हें अपने स्वयं के फंड से ऋण जारी करना पड़ता था और फिर SBA से प्रतिपूर्ति का अनुरोध करना पड़ता था। यदि उधारकर्ता ऋण की शर्तों को पूरा नहीं करते थे, तो बैंक पुनर्भुगतान के लिए जिम्मेदार थे।

निष्कर्ष

महामारी के दौरान, छोटे और मध्यम आकार के व्यवसायों को ज़्यादातर ऋण दिए गए जिन्हें चुकाना था। यह निष्पक्षता और समानता के बारे में सवाल उठाता है, क्योंकि आर्थिक अस्थिरता के समय ऋण अतिरिक्त वित्तीय बोझ पैदा करते हैं। सहायता में इतनी असमानता क्यों? सरकारें, नौकरियों को संरक्षित करने और अर्थव्यवस्था को समर्थन देने की कोशिश में, आमतौर पर एसएमई पर ध्यान केंद्रित करती हैं, क्योंकि यह क्षेत्र बड़ी कंपनियों की तुलना में अधिक लोगों को रोजगार देता है।

हालांकि, इस स्थिति में, प्राथमिकताएं बड़े निगमों के पक्ष में स्थानांतरित हो गई हैं, जिन्हें गैर-वापसी योग्य अनुदान प्राप्त हुआ है। इसने बड़े खिलाड़ियों के लिए महत्वपूर्ण लाभ पैदा किए, जबकि छोटे और मध्यम आकार के व्यवसायों ने खुद को एक कठिन स्थिति में पाया, ऋण चुकाने और महत्वपूर्ण समर्थन के बिना आर्थिक कठिनाइयों का सामना करने के लिए मजबूर होना पड़ा।

महत्वपूर्ण वित्तीय भंडार वाले बड़े निगम कई वर्षों तक संकट का सामना करने के बाद राज्य सहायता के बिना काम चला सकते थे। हालांकि, उन्हें अनुदान प्राप्त हुआ था, जिसके लिए पुनर्भुगतान की आवश्यकता नहीं थी। उसी समय, छोटे और मध्यम आकार के व्यवसाय, जिन्हें सबसे अधिक सहायता की आवश्यकता थी, खुद को ऐसी स्थिति में पाया जहां उन्हें उधार ली गई धनराशि को चुकाना पड़ा।

इस स्थिति में, "अमीर और अमीर होते जा रहे हैं और गरीब और गरीब होते जा रहे हैं" वाक्यांश उभरा। मीडिया लगातार दिखाता है कि बड़ी कंपनियाँ और उनके मालिक कितने अमीर होते जा रहे हैं। सवाल उठता है: बड़े निगमों को सामाजिक रूप से जिम्मेदार होने और अपने व्यवसाय का समर्थन करने के लिए अपने स्वयं के संसाधनों का उपयोग करने का आह्वान करने के बजाय, राज्य ने छोटे और मध्यम आकार के व्यवसायों को अनुदान क्यों नहीं दिया? शायद, अगर समर्थन विशेष रूप से एसएमई पर लक्षित होता, तो महामारी का इतना विनाशकारी प्रभाव नहीं होता, और इसे घोषित करने की आवश्यकता पर सवाल उठाया जा सकता था।

अध्याय 15: काम का भविष्य

2020 में कर्मचारियों की छंटनी एक व्यापक घटना बन गई। कर्मचारियों को कम करने का फैसला करने वाली कंपनियों की हिस्सेदारी 2019 की तुलना में लगभग 2.5 गुना बढ़ गई। [18]अंतरराष्ट्रीय भर्ती कंपनी हेस के अनुसार, 2020 में 27% कंपनियों ने छंटनी की सूचना दी, जबकि 2019 में यह आंकड़ा केवल 11% था। ऑटोमोटिव और तेल और गैस उद्योग, विकास और होटल और रेस्तरां व्यवसाय से संबंधित कंपनियों के कर्मचारी विशेष रूप से प्रभावित हुए।

नौकरी से निकाले गए लोगों में से अधिकांश विशेषज्ञ (46%) और मध्यम प्रबंधक (38%) थे। 41 से 54 वर्ष की आयु के लोग सबसे अधिक असुरक्षित समूह थे, और नौकरी से निकाले गए लोगों में से आधे से अधिक महिलाएँ थीं। कुछ मामलों में, कर्मचारियों को बिना किसी मुआवज़े के नौकरी से निकाल दिया गया।

यह स्थिति पूरी दुनिया में देखी गई - हज़ारों की संख्या में लोगों को नौकरी से निकाल दिया गया। लेकिन सवाल यह उठता है: पेशेवरों को क्यों निकाला जाए, क्योंकि महामारी के बाद कंपनियों को फिर से योग्य कर्मचारियों की ज़रूरत होगी? इसका जवाब तकनीक के तेज़ विकास में छिपा है।

दुनिया एक नए युग में प्रवेश कर चुकी है, जहाँ कृत्रिम बुद्धिमत्ता और रोबोटिक्स अर्थव्यवस्था के विभिन्न क्षेत्रों में तेजी से महत्वपूर्ण भूमिका निभाने लगे हैं। अधिक से अधिक बार, उत्पादन और सेवाओं में मशीनों और एल्गोरिदम द्वारा मानव श्रम को प्रतिस्थापित किया जा रहा है। व्यवसाय के नेताओं के लिए, यह श्रम लागत और करों को काफी कम करने का एक अवसर है। हालाँकि, अकेले इस कारक के कारण बड़े पैमाने पर छंटनी विरोध और हड़तालों को जन्म दे सकती है।

और यहीं पर लॉकडाउन की भूमिका आती है। यह बड़े पैमाने पर छंटनी के लिए एक सुविधाजनक बहाना बन गया, जिसके तहत वास्तविक कारणों को छिपाया जा सकता था। कई कंपनियों ने राज्य के समर्थन का लाभ उठाया और एक साथ हजारों कर्मचारियों को नौकरी से निकाल दिया, बिना इस बात की चिंता किए कि भविष्य में उन्हें योग्य कर्मचारी कैसे मिलेंगे। लॉकडाउन कर्मचारियों को कम करने और सामाजिक परिणामों के डर के बिना उत्पादन को स्वचालित करने की प्रक्रिया शुरू करने का एक तरह का "वैध" तरीका बन गया।

यह प्रक्रिया एक महत्वपूर्ण प्रश्न को उजागर करती है: आने वाले वर्षों में श्रम बाजार किस तरह बदलेगा, क्योंकि अधिक से अधिक नौकरियाँ प्रौद्योगिकी द्वारा प्रतिस्थापित की जा रही हैं? और इस तकनीकी क्रांति के कारण अपनी नौकरियाँ खो चुके लोगों को क्या करना चाहिए?

अध्याय 16: महामारी और पर्यटन

कृत्रिम बुद्धिमत्ता और रोबोटिक प्रणालियों का विकास दुनिया भर में नौकरी के नुकसान का एक मुख्य कारण बन गया है। अर्थशास्त्री कार्ल फ्रे और गाइबल ओसबोर्न के शोध के अनुसार, 2033 तक, संयुक्त राज्य अमेरिका में 2018 में मौजूद 47% नौकरियाँ रोबोटिक्स के हमले के तहत गायब हो सकती हैं। विश्व बैंक का अनुमान है कि चीन के लिए यह हिस्सा 77% तक हो सकता है। कंबोडिया, इंडोनेशिया, फिलीपींस, वियतनाम और थाईलैंड जैसे दक्षिण पूर्व एशियाई देशों में, अंतर्राष्ट्रीय श्रम संगठन ने 56% नौकरियों के लिए स्वचालन के जोखिम का अनुमान लगाया है।

[19]यह प्रक्रिया उन कारणों में से एक हो सकती है, जिसके कारण अमेरिकी राष्ट्रपति डोनाल्ड ट्रम्प लॉकडाउन लगाने में रुचि रखते थे। पहली नज़र में, यह एक साहसिक संस्करण की तरह लग सकता है, लेकिन इसे अस्तित्व का अधिकार है। ट्रम्प का एक मुख्य लक्ष्य अमेरिका में विनिर्माण क्षमता वापस करना था। आर्टिफिशियल इंटेलिजेंस और रोबोटिक सिस्टम की शुरुआत के साथ, चीन में सस्ते श्रम की आवश्यकता गायब हो सकती है। अमेरिका में विनिर्माण अधिक लाभदायक हो जाएगा, क्योंकि रोबोट को मजदूरी और सामाजिक लाभ की आवश्यकता नहीं होती। हालांकि, ट्रम्प ने इस बात पर ध्यान नहीं दिया कि चीन न केवल सस्ता श्रम प्रदान करता है, बल्कि वस्तुओं और सेवाओं के लिए एक बड़ा बाजार भी है। कई अमेरिकी कंपनियों ने, ट्रम्प प्रशासन की अपने देश में उत्पादन वापस करने की इच्छा के बावजूद, चीन में नए कारखाने खोलना जारी रखा।

महामारी के जवाब में लगाए गए लॉकडाउन ने ऑटोमेशन की प्रक्रिया को बहुत तेज़ कर दिया है। नौकरियाँ व्यापक रूप से खत्म हो गई हैं, कई छोटे और मध्यम आकार के उद्यम दिवालिया हो गए हैं, और दुनिया भर में लाखों लोग बेरोज़गार हो गए हैं। अधिकांश आबादी के कर्ज में डूबे होने के कारण, त्रासदी का पैमाना बहुत बड़ा है।

एक साधारण जीवन की स्थिति की कल्पना करें। एक व्यक्ति काम करता है, एक स्थिर आय प्राप्त करता है, आवास और कार के लिए ऋण लेता है। सब कुछ ठीक चल रहा है, काम पर उसकी सराहना की जाती है, और कुछ भी परेशानी का पूर्वाभास नहीं देता है। लेकिन फिर एक महामारी आती है, और लॉकडाउन के कारण उसे निकाल दिया जाता है। काम की तलाश करते समय, उसे पता चलता है कि उसके स्तर के विशेषज्ञों के लिए व्यावहारिक रूप से कोई रिक्तियां नहीं हैं, और उसे एक ऐसी नौकरी की पेशकश की जाती है जो उसकी योग्यता से काफी कम है और कम भुगतान की जाती है। ऐसी आय के साथ, वह अब अपने ऋण का भुगतान नहीं कर सकता है और उसे अपनी कार और फिर अपना घर बेचने के लिए मजबूर होना पड़ता है। अंततः, वह निर्वाह और परिवार के समर्थन के बिना झुग्गियों में समाप्त हो सकता है।

यह परिदृश्य काल्पनिक नहीं है, बल्कि एक वास्तविकता है जिसका सामना विकसित देशों में बहुत से लोगों ने किया है, जहाँ अभी भी काम मिल सकता है। विकासशील देशों में, स्थिति और भी खराब थी, और लॉकडाउन के परिणाम और भी विनाशकारी थे। लॉकडाउन ने स्वचालन की प्रक्रिया को तेज कर दिया और कार्यबल की बड़े पैमाने पर छंटनी का एक साधन बन गया, जिसके परिणामस्वरूप जनसंख्या में कमी आई।

इस सिद्धांत की पुष्टि के लिए, हम अमेरिकी जनगणना ब्यूरो के डेटा को देख सकते हैं। 2021 में, देश के इतिहास में सबसे धीमी जनसंख्या वृद्धि दर्ज की गई - केवल 0.1%। यदि अमेरिका, अपनी विकसित सामाजिक प्रणालियों के साथ, इतनी धीमी वृद्धि का अनुभव कर रहा है, तो कोई केवल कल्पना कर सकता है कि विकासशील देशों में स्थिति कितनी अधिक गंभीर है।

इसलिए, महामारी और लॉकडाउन न केवल बड़े पैमाने पर छंटनी और दिवालियापन के उत्प्रेरक रहे हैं, बल्कि उन्होंने स्वचालन को भी गति दी है, जिससे महत्वपूर्ण जनसांख्यिकीय परिवर्तन हुए हैं। और यह उन कई तरीकों में से एक है जिससे COVID-19 ने दुनिया को बदल दिया है।

अध्याय 17: स्वास्थ्य सेवा में नवाचार

अपनी जांच जारी रखने के लिए, हमें खुद को पृथ्वी के शासकों के रूप में कल्पना करने की आवश्यकता है। हाँ, यह सही है, पृथ्वी के शासक, और यह कोई गलती नहीं है। यह महत्वाकांक्षी लगता है, लेकिन इस तरह के दृष्टिकोण के बिना हम एक मृत अंत तक पहुँच जाएंगे। तो, मान लें कि आप और मैं पृथ्वी के शासक हैं, और हमें जनसंख्या को कम करने के कार्य का सामना करना पड़ता है। हमें क्या करना चाहिए?

[20]जब मैं बच्चा था, मैंने जोसेफ रुडयार्ड किपलिंग की जंगल बुक पढ़ी थी। इसमें कहा गया है कि जंगल में सबसे मजबूत व्यक्ति जीवित रहता है। लेकिन फिर सबसे कमजोर कौन है? बुजुर्ग, बच्चे और बीमार लोगों को सबसे कमजोर माना जाता है, क्योंकि वे खुद को खतरे से नहीं बचा सकते। मुझे शेरों के बारे में एक कार्यक्रम देखना याद है, जहाँ कहा गया था कि जब वे हमला करते हैं, तो वे सबसे कमजोर और बीमार व्यक्तियों को चुनते हैं। वॉयसओवर ने समझाया कि इस तरह, शिकारी बीमार लोगों के झुंड से छुटकारा पाते हैं, जिससे महामारी फैलने से बचते हैं। इस अर्थ में, सभी शिकारी पृथ्वी के "कीटाणुनाशक" के रूप में काम करते हैं, जानवरों के बीच महामारी को रोकते हैं।

इसलिए, अगर हम वास्तव में पृथ्वी के शासक होते, तो हम "सबसे योग्य की उत्तरजीविता" के सिद्धांत का उपयोग कर सकते थे और बीमार लोगों से छुटकारा पाना शुरू कर सकते थे। लेकिन हम ऐसा कैसे करेंगे? आप उन्हें बाड़ के बाहर ले जाकर गोली नहीं मार सकते - जनता समझ नहीं पाएगी। हमें कुछ ऐसा चालाक और भ्रमित करने वाला उपाय करना होगा जिससे कोई भी हमारे असली इरादों का अंदाजा न लगा सके।

और फिर महामारी और उसके बाद की महामारी बचाव में आती है। लॉकडाउन। सिर्फ एक ही चीज़ बची थी कि लोगों को बीमारों की समस्याओं से विचलित किया जाए और दिखाया जाए कि कोविड-19 से लोग कितनी बुरी तरह मरते हैं। मैं किसी भी तरह से

कोविड-19 से मृत्यु दर को कम नहीं आंक रहा हूँ, लेकिन इस समय दुनिया दूसरी बीमारियों के बारे में भूल गई। मैंने पहले ही उनका ज़िक्र किया है: बर्ड फ़्लू, स्वाइन फ़्लू और दूसरी, जिनके लिए कोई लॉकडाउन नहीं लगाया गया था, और अस्पताल दूसरे मरीज़ों के इलाज में व्यस्त थे।

[21]मैंने समाचारों में सुना कि 2021 में टीबी से 1.4 मिलियन लोगों की मौत हुई। और यह सिर्फ़ एक बीमारी है। यह संख्या इतनी ज़्यादा क्यों है? क्योंकि लॉकडाउन के दौरान, कोई भी कोविड-19 के अलावा दूसरी बीमारियों पर ध्यान नहीं दे रहा था। यहाँ WHO के महानिदेशक टेड्रोस ने क्या कहा एडनॉम घेब्रेयसस 14 अक्टूबर, 2021 को ले फिगारो में : स्वास्थ्य सेवाओं में व्यवधान और तकनीकी संसाधनों में कमी के कारण, तपेदिक से निपटने के कई प्रयास विफल हो गए हैं।

आधिकारिक आंकड़ों के अनुसार, 03.03.2022 तक, 440 मिलियन लोग कोविड-19 से संक्रमित थे, और 5.97 मिलियन लोगों की मृत्यु हुई। ये संख्याएँ प्रभावशाली हैं, लेकिन, जैसा कि टेड्रोस ने उल्लेख किया है, एडनॉम गेब्रेयसस के अनुसार , अकेले 2020 में 1.5 मिलियन लोग तपेदिक से मर गए। यदि हम महामारी के तीन वर्षों को ध्यान में रखते हैं, तो तपेदिक से मृत्यु दर लगभग COVID-19 के बराबर होगी। इसका कारण अन्य बीमारियों के निदान और उपचार के लिए धन में कमी, अलगाव था, जिससे रोगियों के लिए चिकित्सा सुविधाओं तक पहुँचना मुश्किल हो गया, और परिणामस्वरूप - भयावह परिणाम।

बेशक, यह कहा जा सकता है कि कोविड-19 से ज़्यादा लोगों की मौत हुई है, लेकिन मैंने सिर्फ़ एक बीमारी का उदाहरण दिया है, और ऐसी कई बीमारियाँ हैं। WHO ने 2000-2019 के लिए मौत के प्रमुख कारणों पर डेटा प्रकाशित किया है, और हृदय संबंधी बीमारियाँ अभी भी सूची में सबसे ऊपर हैं। इस अवधि के दौरान, हृदय संबंधी बीमारियों से होने वाली मौतों में 2 मिलियन से ज़्यादा की वृद्धि हुई, और 2019 में, वे लगभग 9 मिलियन मामलों तक पहुँच गए। मधुमेह और मनोभ्रंश भी पहली बार इस सूची में दिखाई दिए। संक्रामक रोगों से होने वाली मृत्यु दर धीरे-धीरे कम हो रही है, लेकिन वे निम्न और मध्यम आय वाले देशों में एक गंभीर समस्या बनी हुई हैं।

आपका यह सुझाव सही है कि जनसंख्या में गिरावट टीकाकरण के कारण नहीं, बल्कि दीर्घकालिक रूप से बीमार लोगों को आवश्यक गुणवत्तापूर्ण चिकित्सा देखभाल और दवाएँ न मिलने के कारण हो सकती है। महामारी के दौरान लगाए गए प्रतिबंधों के परिणामस्वरूप कई स्वास्थ्य देखभाल सुविधाएँ COVID-19 रोगियों से भर गई हैं, जिससे अन्य बीमारियों से पीड़ित लोगों के लिए स्वास्थ्य देखभाल तक पहुँचना मुश्किल हो गया है।

परिणामस्वरूप, हृदय रोग, मधुमेह और कैंसर जैसी पुरानी बीमारियों से पीड़ित कई रोगियों को समय पर देखभाल नहीं मिल पाती, जिससे उनकी स्थिति और खराब हो सकती है या यहां तक कि उनकी मृत्यु भी हो सकती है। आपूर्ति श्रृंखला में व्यवधान के कारण दवाओं की कमी ने भी स्थिति को और बदतर बना दिया।

इन कारकों ने कमजोर जनसंख्या समूहों में मृत्यु दर में वृद्धि में योगदान दिया हो सकता है, जिसके परिणामस्वरूप अंततः कुछ क्षेत्रों में जनसंख्या में गिरावट आ सकती है।

WHO की सिफारिशों से पता चलता है कि 60 वर्ष से अधिक उम्र के लोगों और गंभीर रूप से बीमार लोगों में COVID-19 गंभीर है, क्योंकि उनकी प्रतिरक्षा कमज़ोर है। लेकिन आइए तार्किक रूप से सोचें: हाँ, उनकी प्रतिरक्षा कमज़ोर है, लेकिन यह बहुत विविध है, क्योंकि वे विभिन्न बीमारियों से पीड़ित हैं और प्रतिरक्षा सुरक्षा की एक विस्तृत श्रृंखला हासिल की है। लेकिन युवा और स्वस्थ लोगों में ऐसी विविध प्रतिरक्षा नहीं होती है, हालाँकि वे COVID-19 को कम गंभीर रूप में अनुभव करते हैं।

यह विश्व की जनसंख्या में कमी का एक और प्रमाण है, लेकिन टीकाकरण के माध्यम से नहीं, बल्कि गंभीर रूप से बीमार लोगों के लिए चिकित्सा देखभाल की कमी के कारण।

अध्याय 18: अंतर्राष्ट्रीय सहयोग

उस समय का एक और अन्याय यह था कि ऐसी जानकारी किसी तरह लोगों की नज़रों से बच गई। लेकिन मैं आपका ध्यान इस ओर आकर्षित करना चाहूँगा। तो, 29 जनवरी, 2020 को ऑस्ट्रेलियाई वैज्ञानिकों ने प्रयोगशाला में 2019-nCoV कोरोनावायरस को विकसित करने में कामयाबी हासिल की। वुहान से आए एक मरीज से वायरस का एक नमूना लिया गया था। पहली नज़र में, यह घटना महत्वहीन लग सकती है। हालाँकि, आइए जानें कि हमारे लिए इसका क्या मतलब है, सज्जन जासूस। यह समझना महत्वपूर्ण है कि प्रयोगशाला में वायरस प्राप्त करना इतना महत्वपूर्ण क्यों था।

"ऑस्ट्रेलियाई वैज्ञानिकों ने प्रयोगशाला स्थितियों में 2019-nCoV कोरोनावायरस को विकसित करने में कामयाबी हासिल की है" (TASS इलेक्ट्रॉनिक संसाधन। एक्सेस किया गया: 04/05/2022) यह बताया गया कि असली वायरस की उपस्थिति हमें सभी नैदानिक विधियों की पहचान करने और उनका परीक्षण करने की अनुमति देती है, साथ ही उनकी संवेदनशीलता और विशिष्टता की तुलना भी करती है। मेलबर्न में उगाए गए वायरस का उपयोग नई परीक्षण प्रणाली बनाने के लिए किया जाएगा जो स्पर्शोन्मुख रोगियों में वायरस का पता लगाने में सक्षम होगी। ये एंटीबॉडी परीक्षण संदिग्ध रोगियों का पूर्वव्यापी परीक्षण करने और वायरस की व्यापकता की अधिक सटीक तस्वीर प्राप्त करने के साथ-साथ इससे होने वाली वास्तविक मृत्यु दर को स्थापित करने में मदद करेंगे।

इसलिए, वायरस को विकसित करने वालों को परीक्षण प्रणाली बनाने, वास्तविक मृत्यु दर निर्धारित करने, टीके बनाने और दवाएँ विकसित करने के विशेष अधिकार प्राप्त हुए। ऑस्ट्रेलियाई वैज्ञानिक ऐसा करने वाले पहले व्यक्ति थे। इसलिए, सभी सम्मान और योग्यताएँ उन्हें मिलनी चाहिए थीं। लेकिन सब कुछ अलग ही निकला।

आइए कल्पना करें: यदि आप एक नया सूत्र लेकर आए जो आपको भविष्य में बड़ा मुनाफ़ा दिला सकता है, तो क्या आप उसे छोड़ देंगे? क्या आप इसे पूरी दुनिया को दे देंगे? बिल्कुल नहीं। आखिरकार, यह आपका काम था, और आप इससे मुनाफ़ा कमाने की उम्मीद कर रहे थे। ऑस्ट्रेलियाई वैज्ञानिकों के साथ भी ऐसी ही स्थिति हुई। इस पुस्तक के पन्नों पर, मैं उनके प्रति अपना आभार व्यक्त करना चाहूँगा। उन्होंने अरबों डॉलर के पीछे नहीं भागे, बल्कि अपने काम के परिणामों को आगे के अध्ययन के लिए विश्व प्रयोगशालाओं को सौंप दिया।

ऑस्ट्रेलियाई वैज्ञानिकों द्वारा अपनी सफलता की घोषणा करने के बाद, उन पर वैश्विक समुदाय की ओर से भारी दबाव आया। दुनिया भर के राजनेताओं और सार्वजनिक हस्तियों ने मांग की कि वे अपने शोध के परिणाम साझा करें। यहाँ तक कि पोप ने भी इसकी मांग की। हर कोई चाहता था कि कोविड-19 के लिए जल्द से जल्द वैक्सीन और दवाएँ मिल जाएँ ताकि आगे लॉकडाउन को रोका जा सके।

[22]इस शोध का फ़ायदा आखिर किसने उठाया? बेशक, ये बड़ी अंतरराष्ट्रीय कंपनियाँ थीं जिनके पास परीक्षण प्रणाली, टीके और दवाएँ बनाने की पर्याप्त क्षमता थी। इनमें फाइज़र और बायोएनटेक भी शामिल थे , जो वैश्विक बाज़ार में अग्रणी खिलाड़ी बन गए।

[23]फाइजर अपने कोरोनावायरस वैक्सीन पर एक साल में 15 बिलियन डॉलर कमाएगा "अमेरिकी दवा कंपनी फाइजर ने जर्मन बायोएनटेक के साथ मिलकर बीएनटी162बी2 वैक्सीन विकसित की और इसकी बिक्री से भारी मुनाफा कमाया। फाइजर/ बायोएनटेक वैक्सीन अमेरिका और यूरोपीय संघ के अधिकारियों द्वारा अनुमोदित होने वाली पहली वैक्सीन थी। कंपनियों ने खर्च और राजस्व को समान रूप से साझा किया, जिससे प्रत्येक को लगभग 15 बिलियन डॉलर मिले।

सवाल उठता है: ऑस्ट्रेलियाई वैज्ञानिकों को उनके शोध के लिए क्या मिला? ऐसा डेटा बहुत कम है। आखिरकार, उनके काम के बिना, कंपनियाँ अरबों डॉलर नहीं कमा पाएँगी।

[24]फाइजर का स्वामित्व बिल एंड मेलिंडा गेट्स फाउंडेशन के पास है। "बिल एंड मेलिंडा गेट्स फाउंडेशन कोविड-19 वैक्सीन पर काम करने वाली 4 कंपनियों पर दांव लगा रहा है।" माइक्रोसॉफ्ट के सह-संस्थापक और उनकी पत्नी मेलिंडा कई सालों से संक्रामक रोगों के खिलाफ लड़ाई में सक्रिय रहे हैं। गेट्स फाउंडेशन ने कोविड-19 वैक्सीन सहित वैक्सीन के विकास में भारी निवेश किया है। टीकाकरण में बिल गेट्स की रुचि ने बहुत अटकलें लगाई हैं, लेकिन इन परियोजनाओं को वित्तपोषित करने में उनकी भूमिका स्पष्ट

है।

इसलिए, कुछ लोग अपने खर्च पर शोध करते हैं, जबकि अन्य मलाई निकालते हैं। यह अनुचित है। दुनिया अन्याय से भरी हुई है, लेकिन मैं विश्वास करना चाहता हूं कि इसमें कम से कम कुछ न्याय तो बचा ही रहेगा। अमीर और अमीर क्यों होते जा रहे हैं और गरीब और गरीब क्यों होते जा रहे हैं? शायद ऐसा इसलिए है क्योंकि सबसे अमीर लोग कुछ उम्मीदवारों के चुनावों को प्रायोजित करते हैं, जो फिर उनके लिए फायदेमंद निर्णय लेते हैं। ऑस्ट्रेलियाई वैज्ञानिकों पर जनता का दबाव था, और उन्हें अपना शोध छोड़ने के लिए मजबूर किया गया, और बड़ी कंपनियों ने इस पर अरबों डॉलर कमाए।

अध्याय 19: महामारी के नैतिक मुद्दे

कहानी यहीं खत्म नहीं हुई, क्योंकि दूसरे देश भी इस क्षेत्र में उतर आए और अपने खुद के टीके विकसित किए। वे मौजूदा दवा कंपनियों के प्रतिस्पर्धी बन गए। लेकिन उनसे कैसे छुटकारा पाया जाए? समाधान स्वाभाविक रूप से सामने आया: प्रत्येक दवा, टीका और परीक्षण प्रणाली को परीक्षण के तीन चरणों से गुजरना होगा - पहले चूहों पर, फिर सूअरों पर और अंत में मनुष्यों पर। यहीं से कॉर्पोरेट खेल शुरू होता है।

पहला कदम यह तय करना था कि वैक्सीन ट्रायल के नतीजों को कौन स्वीकार करेगा और उन्हें कैसे मंज़ूरी दी जाएगी। हालाँकि, इन मुद्दों को विनियमित नहीं किया गया, जिसका फ़ायदा बड़ी कंपनियों को मिला।

[25]शुरुआत में, टीकों को मंज़ूरी देने का काम विश्व स्वास्थ्य संगठन (WHO) के पास था। इस दौरान, WHO ने टीकों को तेजी से मंज़ूरी देने और इस्तेमाल करने का सक्रिय रूप से आह्वान किया। लेकिन हम जानते हैं कि WHO केवल सिफ़ारिशें करता है, और प्रत्येक देश अपने लिए तय करता है कि किसी विशेष टीके को मंज़ूरी देनी है या नहीं।

[26]टीकों को मंज़ूरी दिलाने की होड़ शुरू हो गई है। कई देशों ने भविष्य की डिलीवरी के लिए अनुबंध पर हस्ताक्षर करना शुरू कर दिया है। विकसित देशों ने टीकों की खरीद पर भारी रकम खर्च की है। उदाहरण के लिए, यूरोपीय संघ ने लगभग दो बिलियन खुराक खरीदने के लिए आठ वैक्सीन निर्माताओं के साथ अनुबंध पर हस्ताक्षर किए, जो 27 यूरोपीय संघ के देशों में 450 मिलियन लोगों के लिए पर्याप्त से अधिक है। हालांकि, तैयार टीकाकरण केंद्रों के बावजूद, टीकों की कमी थी, और बायोएनटेक / फाइजर और एस्ट्राजेनेका की आपूर्ति में काफी कमी आई थी।

[27]सेंटर में स्पुतनिक वी वैक्सीन के निर्माण की घोषणा की। इसने विशेष रूप से उन लोगों से प्रतिक्रिया की लहर पैदा की, जिन्होंने पहले से ही पश्चिमी कंपनियों के साथ अनुबंध पर हस्ताक्षर किए थे। श्री बिल गेट्स ने तर्क देना शुरू कर दिया कि वैक्सीन इतनी जल्दी नहीं बनाई जा सकती और इसे लोगों पर परीक्षण के तीन चरणों से गुजरना होगा। हालांकि, यह ध्यान देने योग्य है कि अधिकांश लोगों ने कभी नहीं सोचा कि बिक्री पर रखे जाने से पहले टीकों को परीक्षण के कितने चरणों से गुजरना पड़ता है।

गेट्स ने कहा कि मानव अध्ययन तीन चरणों में आयोजित किया जाना चाहिए: पहला - 100 लोगों तक, दूसरा - 1,000 लोगों तक, और तीसरा - 100,000 लोगों तक। इसने समाज में व्यापक बहस को जन्म दिया। दुनिया तीन समूहों में विभाजित थी: कुछ ने गेट्स के शब्दों का समर्थन किया, दूसरों ने आर्थिक नुकसान के कारण टीकों को जल्द से जल्द जारी करने की मांग की, और अन्य सामान्य रूप से टीकाकरण के खिलाफ थे।

इस बीच, रूस में स्पुतनिक वी वैक्सीन के परीक्षण शुरू हो गए। हालांकि, दिसंबर 2020 में, जानकारी सामने आई कि अध्ययन के लिए स्वयंसेवकों की भर्ती बंद कर दी गई थी। अधिकारियों ने यह कहकर इसकी व्याख्या की कि जिन स्वयंसेवकों को प्लेसबो दिया गया था, वे सामूहिक टीकाकरण में भाग नहीं ले सकते थे और इस प्रकार उन्हें संक्रमण का खतरा था।

सूचना युद्ध नए जोश के साथ भड़क गया है। अमेरिका और यूरोपीय संघ में, फाइजर और बायोएनटेक टीकों को मंजूरी दी गई है और व्यापक रूप से इस्तेमाल किया गया है, जबकि स्पुतनिक वी वैक्सीन को मान्यता के लिए बाधाओं का सामना करना पड़ा है। विशेष रूप से, ब्रिटिश नियामक ने कहा कि थ्रोम्बोसिस के दुर्लभ मामलों के बावजूद, एस्ट्राजेनेका वैक्सीन के लाभ जोखिमों से अधिक हैं। हालांकि, स्पुतनिक वी वैक्सीन को मंजूरी नहीं दी गई, जिसके कारण कई देशों में इसे अस्वीकार कर दिया गया, उदाहरण के लिए, तुर्की में, जहां वैक्सीन मानकों की जीएलपी (अच्छी प्रयोगशाला अभ्यास) प्रणाली का अनुपालन नहीं करती थी।

इस प्रकार, बड़ी दवा कंपनियां अरबों डॉलर का मुनाफा कमाती रहीं, जबकि रूसी वैक्सीन को अंतर्राष्ट्रीय अविश्वास और मान्यता की कमी का सामना करना पड़ा।

दो-घटक वाले टीकाकरण, जिसे अधिकांश निर्माताओं ने अपना लिया है, ने भी सवाल उठाए हैं। आखिरकार, अब तक, टीकाकरण आमतौर पर एकल-घटक वाली तैयारी के साथ किया जाता था, और इस अभ्यास पर कभी सवाल नहीं उठाया गया था। हालाँकि, महामारी के संदर्भ में, नए दृष्टिकोण को एक मजबूत प्रतिरक्षा प्रतिक्रिया की आवश्यकता द्वारा समझाया गया था।

WHO ने जोर देकर कहा कि हर्ड इम्युनिटी हासिल करने के लिए 80% आबादी को टीका लगाया जाना चाहिए। हालांकि, टीकाकरण का इतिहास दिखाता है कि लक्षित टीकाकरण, जैसा कि चेचक के मामले में हुआ था, अरबों लोगों के सामूहिक टीकाकरण की आवश्यकता के बिना भी प्रभावी हो सकता है।

तो फिर WHO ने स्पुतनिक V को मंजूरी क्यों नहीं दी, लेकिन एस्ट्राजेनेका को मंजूरी क्यों दी? इसका जवाब WHO के वित्तपोषण में छिपा हो सकता है, जिसका अधिकांश हिस्सा बिल एंड मेलिंडा गेट्स फाउंडेशन जैसे संगठनों से आता है। और जो भुगतान करता है, वही इसका श्रेय लेता है।

इस प्रकार, सामूहिक टीकाकरण में स्पुतनिक वी वैक्सीन के सफल उपयोग के बावजूद, इसकी अंतरराष्ट्रीय स्वीकृति सवालों के घेरे में रही। व्यक्तिगत रूप से, मैंने स्पुतनिक वी और फाइजर दोनों वैक्सीन लगवाए और इनके बाद मुझे कोई खास फर्क महसूस नहीं हुआ।

अध्याय 20: महामारी और डिजिटल विभाजन

बड़े पैमाने पर टीकाकरण शुरू होने के बाद, संयुक्त राज्य अमेरिका (जिसका मैं उदाहरण के तौर पर उपयोग कर रहा हूँ क्योंकि यह दुनिया के सबसे अमीर देशों में से एक है) सहित कई देशों ने स्वैच्छिक-अनिवार्य टीकाकरण का अभ्यास शुरू कर दिया।

[28]"कोरोनावायरस : अमेरिका सभी को टीका लगाए जाने की अनुमति देगा, लेकिन स्पुतनिक वी के साथ नहीं; इतालवी डॉक्टरों ने 'ग्रीन पासपोर्ट' का विरोध किया" (बीबीसी समाचार की रूसी सेवा का इलेक्ट्रॉनिक संसाधन। अभिगम तिथि: 04.05.2022)। अमेरिकी नौसेना कमान ने कहा कि टीकाकरण से इनकार करने वाले कर्मियों को बर्खास्त कर दिया जाएगा। वैक्सीन प्राप्त करने की अंतिम तिथि 28 नवंबर है। कई अमेरिकी विभागों ने कोरोनावायरस के खिलाफ लड़ाई में सख्त उपायों के लिए अपनी तत्परता के बारे में पहले ही चेतावनी दे दी थी।

इसी तरह के उपाय दुनिया भर में फैल गए। लोगों को टीका लगवाने से इनकार करने पर नौकरी से निकाल दिया गया, और इससे असंतोष की लहर पैदा हुई, खासकर उन देशों में जहां नागरिकों को लगा कि उनके पसंद की स्वतंत्रता के अधिकार का उल्लंघन किया जा रहा है। प्रदर्शनकारियों को एंटी- वैक्सर्स कहा जाने लगा , लेकिन उनकी बात किसने सुनी? नतीजतन, कई लोगों को टीका लगवाने के लिए मजबूर होना पड़ा, और उन कंपनियों के टीके लगवाए जो राज्यों के लिए लाभदायक थीं।

बीबीसी रूसी सेवा समाचार एजेंसियों ने लिखा: "इटली उस नियम के खिलाफ़ विरोध की लहर में घिर गया है जिसके तहत देश के सभी श्रमिकों और कर्मचारियों को "ग्रीन पासपोर्ट" प्राप्त करना आवश्यक है, यानी कोविड-19 के दृष्टिकोण से सुरक्षा का प्रमाण

पत्र। ऐसा करने के लिए, आपको टीका लगाया जाना चाहिए, या पिछले दो दिनों में लिया गया नकारात्मक परीक्षण परिणाम या पर्याप्त संख्या में एंटीबॉडी के साथ पिछली बीमारी का प्रमाण पत्र प्रदान करना होगा।"

[29]टीकों की स्वीकृति इसलिए ज़रूरी थी क्योंकि बाद में सभी टीका लगाए गए लोगों को कोविड प्रमाणपत्र जारी किए जाने लगे। यह चुनाव की स्वतंत्रता के संवैधानिक मानव अधिकार का एक और उल्लंघन था। एक व्यक्ति को हमेशा से ही पेशा, काम, उपचार (इनकार सहित) चुनने का अधिकार रहा है और किसी को भी उसे कुछ भी करने के लिए मजबूर नहीं करना चाहिए। यह हमारा अविभाज्य अधिकार है। कुछ देशों में, इच्छामृत्यु की अनुमति पहले से ही है, जो किसी व्यक्ति के स्वैच्छिक चुनाव के अधिकार का एक उदाहरण है। चुनाव की स्वतंत्रता हमें न केवल शासकों द्वारा दी गई थी, बल्कि हमारे पूर्वजों द्वारा भी दी गई थी जिन्होंने हमारी स्वतंत्रता के लिए लड़ाई लड़ी थी। इस अधिकार को एक दिव्य उपहार भी माना जा सकता है।

हालांकि, सरकारों और मशहूर हस्तियों ने टीकाकरण को सक्रिय रूप से बढ़ावा दिया। हर जगह विज्ञापन थे। हालांकि, एकमात्र देश जिसने सभी मानवाधिकार मानकों का पालन करने का फैसला किया, वह स्विट्जरलैंड था।

[30]"स्विट्जरलैंड में, लोग जनमत संग्रह में तय करेंगे कि क्यूआर कोड वैध हैं या नहीं" (इलेक्ट्रॉनिक संसाधन swissinfo.ch. अभिगम तिथि: 04.05.2022)। 28 नवंबर, 2021 को, नागरिक समितियों द्वारा शुरू किए गए, स्विट्जरलैंड में कोविड प्रमाणपत्रों के भाग्य पर जनमत संग्रह आयोजित किया गया था। यह दुनिया में पहली बार था कि इस तरह का सवाल लोकप्रिय वोट के लिए रखा गया था। क्यूआर कोड की शुरुआत के विरोधियों का मानना है कि यह व्यक्तिगत स्वतंत्रता का उल्लंघन करता है और अप्रत्यक्ष रूप से टीकाकरण को मजबूर करता है।

[31]परिणामस्वरूप, बिना कोविड प्रमाणपत्र वाले लोगों को बार, रेस्तरां, शॉपिंग मॉल और यहां तक कि काम करने पर भी प्रतिबंध लगा दिया गया। राष्ट्राध्यक्षों ने दावा किया कि टीकाकरण स्वैच्छिक था, लेकिन वास्तव में यह सच्चाई से बहुत दूर था। यदि किसी व्यक्ति के पास प्रमाणपत्र नहीं था, तो उसे समाज से प्रभावी रूप से अलग कर दिया जाता था, जो कारावास जैसा था, केवल अपराध के बिना।

इस प्रकार, स्वैच्छिक-अनिवार्य टीकाकरण नियंत्रण का एक साधन और निगमों के लिए पैसा कमाने का एक तरीका बन गया है। यह सब इस बात पर जोर देता है कि ऐसे उपायों का मुख्य लक्ष्य न केवल स्वास्थ्य सेवा है, बल्कि बड़े बाजार खिलाड़ियों के लिए वित्तीय लाभ भी है।

अध्याय 21: महामारी और व्यक्तिगत विकास

कोविड प्रमाण पत्र या पासपोर्ट उन लोगों को मिले जिन्होंने दो घटक वाले टीके लगवाए थे, कोविड-19 से ठीक हो गए थे या पीसीआर टेस्ट करवाया था। ये लोग आवश्यक दस्तावेज़ों के साथ संस्थानों और संगठनों में स्वतंत्र रूप से जा सकते थे।

[32]पीसीआर टेस्ट पर विशेष ध्यान दिया जाना चाहिए। बहुत से लोग जो टीका नहीं लगवाना चाहते थे, उन्होंने कोविड प्रमाणपत्र प्राप्त करने और काम करने, टहलने, खेल खेलने और अन्य गतिविधियों का अवसर बनाए रखने के लिए इस पद्धति का उपयोग किया। हालाँकि, पीसीआर टेस्ट की वैधता अवधि केवल 48 घंटे है, जिससे असुविधा और अतिरिक्त लागत पैदा हुई।

[33]पीसीआर टेस्ट की लागत ने यात्रियों की शिकायतों को जन्म दिया है। ब्लूमबर्ग के अनुसार, पीसीआर टेस्ट की कीमतें क्षेत्र के आधार पर $100 से $6,000 तक हैं, जो यात्रा में एक बड़ी बाधा बन गई है। इंटरनेशनल एयर ट्रांसपोर्ट एसोसिएशन ने सरकारों से कोविड-19 टेस्ट की कीमतों को विनियमित करने के लिए कहा है, लेकिन यह मुद्दा अभी भी अनसुलझा है।

कुछ लोगों के लिए, पीसीआर परीक्षण आय का दूसरा स्रोत बन गया। टूर ऑपरेटर और रिसॉर्ट्स ने प्रयोगशालाओं तक परीक्षण पहुंचाने के लिए विभिन्न तरीकों का इस्तेमाल किया, जिससे यात्रा की लागत बढ़ गई। दूरदराज के क्षेत्रों में स्थिति विशेष रूप से

कठिन थी, उदाहरण के लिए, ज़िम्बाब्वे में, पर्यटकों को परीक्षण कराने के लिए डॉक्टर को बुलाने के लिए $6,000 का भुगतान करना पड़ता था।

[34]तो कोविड-19 टेस्ट कौन बनाता है? सबसे बड़े निर्माताओं में से एक बॉश था, जिसने अपना कोरोनावायरस टेस्ट पेश किया जो एक साथ कोविड-19 और छह अन्य श्वसन संबंधी बीमारियों का पता लगा सकता है। यूके ने एक ऐसा टेस्ट विकसित किया जो 30 मिनट में कोरोनावायरस का पता लगा सकता है, और कैलिफोर्निया स्थित सेफिड को अपने अल्ट्रा-रैपिड टेस्ट के लिए FDA की मंज़ूरी मिली जो 45 मिनट में परिणाम देता है। ये सभी टेस्ट महंगे थे और इनके लिए काफी वित्तीय निवेश की आवश्यकता थी।

लेकिन कोविड-19 पर इतना पैसा क्यों खर्च किया गया, और इतने सारे परीक्षण और टीके क्यों बनाए गए, जबकि अन्य बीमारियों पर इतना ध्यान क्यों नहीं दिया गया? सरकारी बजट ने कोविड-19 से लड़ने के लिए भारी रकम आवंटित की, जबकि अन्य चिकित्सा आवश्यकताओं के लिए धन में कटौती की। इससे एक और अन्याय हुआ।

[35]जिन लोगों को फाइजर का टीका लगाया गया था और जिन्हें WHO और दुनिया के ज़्यादातर देशों द्वारा मान्यता प्राप्त प्रमाणपत्र मिले थे, उन्हें विदेश यात्रा करते समय अभी भी पीसीआर टेस्ट करवाना ज़रूरी था। इससे वैक्सीन की प्रभावशीलता और कोविड प्रमाणपत्र की ज़रूरत पर सवाल उठने लगे। अगर टीका लगवाने वालों को भी टेस्ट करवाना पड़े, तो एक तार्किक सवाल उठता है: क्या वैक्सीन कोविड-19 से सुरक्षा देती है? अगर नहीं, तो हमें प्रमाणपत्र की ज़रूरत क्यों है?

यह स्थिति कोविड प्रमाणपत्रों की पारस्परिक मान्यता के अर्थ पर प्रश्न उठाती है तथा उठाए गए कदमों के तर्क और उपयुक्तता पर भी सवाल उठाती है।

अध्याय 22: महामारी से निष्कर्ष और सबक

कोविड प्रमाणपत्र या पासपोर्ट प्राप्त करने का एक तरीका यह था कि कोविड-19 से संक्रमित होने के बाद एंटीबॉडी के लिए टेस्ट कराया जाए। हालांकि, सभी विशेषज्ञ इस बात से सहमत नहीं हैं कि औसत व्यक्ति के लिए ऐसा टेस्ट उचित है।

[36]"पूरी तरह बकवास'। कोविड एंटीबॉडी टेस्ट कराने का कोई मतलब क्यों नहीं है " (बीबीसी न्यूज़ रूसी सेवा का इलेक्ट्रॉनिक संसाधन। अभिगम तिथि: 04.05.2022)। संयुक्त राज्य अमेरिका में हॉवर्ड ह्यूजेस मेडिकल इंस्टीट्यूट और नॉर्थवेस्टर्न यूनिवर्सिटी के एक कर्मचारी, आणविक जीवविज्ञानी कोंस्टेंटिन एंड्रीव का तर्क है कि एंटीबॉडी की उपस्थिति केवल आधी तस्वीर है। सेलुलर प्रतिरक्षा प्रतिक्रिया द्वारा भी एक महत्वपूर्ण भूमिका निभाई जाती है, जो लंबे समय तक चलती है और एंटीबॉडी परीक्षण द्वारा पता नहीं चलती है। इसका मतलब यह है कि कम एंटीबॉडी के स्तर के साथ भी, एक व्यक्ति को सेलुलर प्रतिरक्षा के लिए मजबूत सुरक्षा मिल सकती है।

एंटीबॉडी परीक्षण, जो रूस में व्यापक रूप से उपयोग किए जाते हैं, संयुक्त राज्य अमेरिका में शायद ही कभी उपयोग किए जाते हैं क्योंकि बीमा कंपनियां उन्हें कवर नहीं करती हैं। यह परीक्षण व्यक्तिगत रोगियों की तुलना में वायरस के प्रसार का अध्ययन करने वाले वैज्ञानिकों के लिए अधिक उपयोगी है। उदाहरण के लिए, इसका उपयोग इतालवी शहर वी ओ यूगेनियो और क्रूज शिप डायमंड प्रिंसेस में COVID-19 के स्पर्शोन्मुख मामलों की पहचान करने के लिए किया गया था। हालाँकि, व्यक्तिगत निदान और रोकथाम के दृष्टिकोण से, एंटीबॉडी परीक्षण अप्रभावी है और इसका उपयोग वास्तविक सुरक्षा उपकरण के बजाय व्यवसाय के रूप में अधिक किया जाता है।

देशों के बीच कोविड-19 टीकों की गैर-मान्यता के कारण कोविड-19 प्रमाणपत्र और पासपोर्ट भी हर जगह मान्यता प्राप्त नहीं थे, जिससे लोगों की आवाजाही सीमित हो गई। नतीजतन, लोगों को प्रत्येक प्रस्थान और आगमन से पहले पीसीआर परीक्षण करवाना पड़ा, जिससे निश्चित रूप से कॉर्पोरेट राजस्व में वृद्धि हुई।

[37]"कोरोनावायरस : अमेरिका सभी को टीका लगाए जाने की अनुमति देगा, लेकिन स्पुतनिक वी के साथ नहीं; इतालवी डॉक्टर्स ने 'ग्रीन पासपोर्ट' का विरोध किया" (बीबीसी समाचार की रूसी सेवा का इलेक्ट्रॉनिक संसाधन। अभिगम तिथि: 04.05.2022)। संयुक्त राज्य अमेरिका, प्रवेश प्रतिबंधों में ढील देते हुए, पूरी तरह से टीका लगाए गए यात्रियों को यात्रा से 72 घंटे पहले किए गए कोरोनावायरस परीक्षण के नकारात्मक परिणाम दिखाने की आवश्यकता है। हालाँकि, संयुक्त राज्य अमेरिका केवल खाद्य और औषधि प्रशासन (FDA) द्वारा अनुमोदित या WHO आपातकालीन सूची में शामिल टीकों को मान्यता देता है। इस सूची में ब्रिटिश एस्ट्राजेनेका वैक्सीन, अमेरिकी फाइजर, मॉडर्न और जॉनसन एंड जॉनसन के साथ-साथ चीन के सिनोवैक और सिनोफार्म शामिल हैं। हालाँकि, रूसी स्पुतनिक वी वैक्सीन को अभी तक WHO द्वारा मान्यता नहीं दी गई है, जिससे रूसी राजनेताओं में असंतोष है, जो मानते हैं कि यह चिकित्सा कारणों के बजाय राजनीतिक कारणों से है।

इन सभी उपायों का उद्देश्य महामारी का उपयोग करके अपनी आय बढ़ाने वाले निगमों से अधिकतम लाभ कमाना था।

निष्कर्ष

हमारी जांच पूरी हो गई है, और हमने परिणामों को संक्षेप में प्रस्तुत करने के लिए सभी आवश्यक सामग्री एकत्र कर ली है। मैं इस बात पर जोर देना चाहूंगा कि जो निष्कर्ष प्रस्तुत किए जाएंगे वे मेरे निजी विचार हैं। आप में से प्रत्येक को अपनी राय बनाने का अधिकार है।

[38]मैं यह कहकर शुरू करना चाहता हूँ कि मुझ पर रूस समर्थक विचारों का आरोप लगाया जा सकता है, लेकिन यह सच नहीं है। संयुक्त राज्य अमेरिका, अपनी सूचना खुलेपन के कारण, बहुत सारे दिलचस्प डेटा तक पहुँच प्रदान करता है। हालाँकि, मैं इस देश को पूरी तरह से लोकतांत्रिक नहीं कह सकता, क्योंकि वहाँ स्वतंत्रता पर महत्वपूर्ण प्रतिबंध हैं। मैं अपनी अगली पुस्तक, डेमोक्रेसी: द लाइ ऑफ़ फ्रीडम में इस पर अधिक विस्तार से बात करूँगा। साथ ही, मैं रूस समर्थक भावनाओं का समर्थन नहीं करता। रूसी सरकार ने, कई अन्य देशों की तरह, डब्ल्यूएचओ की सिफारिशों का पालन किया और कोरोनावायरस के खिलाफ लड़ाई में संयुक्त राज्य अमेरिका और यूरोप के कार्यों पर ध्यान केंद्रित किया। गामालेया रिसर्च सेंटर में विकसित स्पुतनिक वी वैक्सीन, राज्य के स्वामित्व वाली है, और इससे होने वाले मुनाफे का निजी हितों से कोई लेना-देना नहीं है।

कोविड-19 महामारी की शुरुआत के बाद से, दुनिया ने गलत सूचनाओं की एक अभूतपूर्व लहर का सामना किया है, जिसने वैश्विक दहशत पैदा कर दी है। निम्नलिखित उपकरणों का उपयोग किया गया है:

1. महामारी की शुरुआत को लेकर ट्रम्प का डब्ल्यूएचओ के साथ टकराव। डब्ल्यूएचओ के महानिदेशक डॉ. टेड्रोस की चेतावनियों के बावजूद अधानोमा श्री घेब्रेयसस ने महामारी के गंभीर आर्थिक परिणामों के बारे में जो कहा, इस पहलू को विश्व मीडिया ने भी नजरअंदाज कर दिया।

2. सामाजिक नेटवर्क पर खाद्य पदार्थों और टॉयलेट पेपर की कमी के बारे में जानकारी सहित आतंक फैलाने वाली अफवाहें फैल गईं, जिसके कारण बड़े पैमाने पर खरीदारी हुई और जनसंख्या में गरीबी बढ़ गई।

3. महामारी की घोषणा से मानवाधिकारों और स्वतंत्रताओं पर प्रतिबंध लग गए हैं, जिसमें आवागमन की स्वतंत्रता और उपचार का अधिकार भी शामिल है। सार्वजनिक स्वास्थ्य की रक्षा के बहाने डब्ल्यूएचओ ने लोगों को उपचार के बारे में अपने निर्णय लेने की क्षमता से प्रभावी रूप से वंचित कर दिया है।

डब्ल्यूएचओ के अनुसार, जेलों में लोगों को अलग-थलग रखने से वे कोविड-19 के प्रति अधिक संवेदनशील हो गए हैं। लेकिन इसकी तुलना घर पर अलग-थलग रहने से कैसे की जा सकती है? यह एक खुला प्रश्न है, और लॉकडाउन की आवश्यकता संदिग्ध है।

इन कार्रवाइयों से पैदा हुई व्यापक दहशत ने लोगों का ध्यान वास्तविक समस्याओं से हटा दिया। डर पैदा करने और हतोत्साहित करने जैसी मनोवैज्ञानिक तकनीकों का इस्तेमाल करके कृत्रिम रूप से दहशत पैदा की गई। झूठी सूचनाओं के तेजी से प्रसार में सोशल मीडिया ने अहम भूमिका निभाई।

परिणामस्वरूप, सरकारें अन्य बीमारियों से मिलने वाले धन को कोरोनावायरस के लिए पुनः आवंटित करने में सक्षम हो गईं। अन्य बीमारियों से पीड़ित लोगों को उनकी ज़रूरत के अनुसार चिकित्सा देखभाल नहीं मिल पाई। डब्ल्यूएचओ की रिपोर्ट है कि एक वर्ष में 1.4 मिलियन लोग तपेदिक से और 9 मिलियन लोग हृदय संबंधी बीमारियों से मर गए। ये आँकड़े कोरोनावायरस से होने वाली मौतों की संख्या से काफी अधिक हैं। हालाँकि, किसी ने भी इस डेटा का विश्लेषण नहीं किया, क्योंकि सारा ध्यान और संसाधन COVID-19 पर केंद्रित थे।

विकसित देशों ने अन्य क्षेत्रों से डॉक्टरों और चिकित्सा कर्मियों को आकर्षित करना शुरू कर दिया, जिससे गरीब देशों में संकट और भी बदतर हो गया। चिकित्सा देखभाल के बिना रह गए अफ्रीका को खराब सेवाओं और सटीक मृत्यु रिकॉर्ड की समस्या का सामना करना पड़ा।

बायोएनटेक जैसी बड़ी कंपनियाँ थीं । उन्होंने टीके विकसित करने और बेचने से अरबों डॉलर कमाए, और कोविड प्रमाणपत्रों की शुरुआत ने आबादी का जबरन टीकाकरण सुनिश्चित किया। प्रमाणपत्रों की पारस्परिक गैर-मान्यता ने देशों के बीच आर्थिक संबंधों को नष्ट कर दिया, जिससे आबादी में कमी आई और लोगों की संख्या में कमी आई।

अपनी जांच को सारांशित करते हुए, हम विश्वास के साथ कह सकते हैं कि पृथ्वी की जनसंख्या में गिरावट टीकाकरण या महामारी के कारण नहीं हुई, बल्कि महामारी के कारण उत्पन्न घबराहट, चिकित्सा देखभाल की कमी और नौकरी छूटने के कारण हुई, जिसके कारण 2022 में कई देशों में गरीबी और अकाल की स्थिति पैदा हो गई।

जब मैं यह पुस्तक समाप्त कर रहा था, मुझे चीन में कोरोना वायरस के एक नए प्रकार के उभरने के बारे में पता चला, जिसका अर्थ है कि हमारी जांच जारी है...

[1] नोट: देशों के क्षेत्रों में " लैकडाउन " के कानूनी परिचय पर

[1]नोट: COVID -19 से संबंधित बीमारियाँ

[1]नोट: निमोनिया अनुस्मारक

[1]नोट: COVID-19 लक्षण

[1]निमोनिया उपचार विधियाँ

[1]नोट: घबराहट की अवधारणा

[1]नोट: अमेरिका में नौकरियों में कटौती का हिस्सा

[1]नोट: रोबोट लोगों की जगह ले रहे हैं

[1]नोट: संयुक्त राज्य अमेरिका में सबसे धीमी जनसंख्या वृद्धि

[1]नोट: डब्ल्यूएचओ के महानिदेशक टेड्रोस ने कहा कि एडनॉम घेब्रेयसस , समाचार पत्र ले ने 14 अक्टूबर को फिगारो पर रिपोर्ट दी

[1]नोट: विश्व स्वास्थ्य संगठन 2000-2019 की अवधि के लिए दुनिया भर में मृत्यु और विकलांगता के प्रमुख कारणों पर आंकड़े प्रकाशित करता है ।

[1]नोट: ऑस्ट्रेलियाई वैज्ञानिकों ने प्रयोगशाला स्थितियों में 2019-nCoV कोरोनावायरस को विकसित करने में कामयाबी हासिल की है

[1]नोट: फाइजर अपने कोरोनावायरस वैक्सीन से सालाना 15 बिलियन डॉलर कमाएगा

[1]नोट: बिल एंड मेलिंडा गेट्स फाउंडेशन ने कोविड-19 वैक्सीन पर काम कर रही 4 कंपनियों पर दांव लगाया है

[1]नोट: कोविड-19 टीकाकरण: यूरोपीय संघ दुनिया के अन्य क्षेत्रों से पीछे क्यों है

[1]नोट: स्पुतनिक वी वैक्सीन के अध्ययन के लिए अब स्वयंसेवकों की भर्ती नहीं की जा रही है

[1]एस्ट्राजेनेका वैक्सीन के लाभ जोखिम से अधिक हैं, लेकिन युवा लोगों को इससे बचना चाहिए

[1]नोट: तुर्की ने रूस की कोरोनावायरस वैक्सीन को अस्वीकार कर दिया है

[1]नोट: मौसमी फ्लू: अक्सर पूछे जाने वाले प्रश्न मुझे फ्लू का टीका कब और कितनी बार लगवाना चाहिए?

[1]नोट: टीकों ने दुनिया को कैसे बदल दिया। 18वीं सदी से लेकर आज तक टीकाकरण का इतिहास

[1]नोट: कोरोनावायरस: अमेरिका सभी को टीका लगाए जाने की अनुमति देगा, लेकिन स्पुतनिक वी के साथ नहीं; इतालवी डॉक्स ने 'ग्रीन पासपोर्ट' का विरोध किया

[1]नोट: कोरोनावायरस: अमेरिका सभी को टीका लगाए जाने की अनुमति देगा, लेकिन स्पुतनिक वी के साथ नहीं; इतालवी डॉक्स ने 'ग्रीन पासपोर्ट' का विरोध किया

[1]नोट: स्विट्जरलैंड में लोग जनमत संग्रह में तय करेंगे कि क्या क्यूआर कोड कानूनी हैं?

[1]नोट: दुनिया भर के पर्यटक पीसीआर परीक्षणों की अत्यधिक कीगतों के बारे में शिकायत करते हैं

[1]कोरोनावायरस टेस्ट काम करते हैं और अब कौन बना रहा है?

[1]कोविड एंटीबॉडी टेस्ट कराने का कोई मतलब नहीं है

[1]नोट: कोरोनावायरस: अमेरिका उन सभी को आने देगा जिन्हें टीका लगाया गया है, लेकिन स्पुतनिक वी नहीं;

[1]नोट: जेलों में कोविड-19 से निपटना: डब्ल्यूएचओ की नई रिपोर्ट में देशों में सर्वोत्तम प्रथाओं पर प्रकाश डाला गया

[1] "पशुओं की कतरन के बारे में सब कुछ।" इलेक्ट्रॉनिक संसाधन घर पर पशु चिकित्सक। एक्सेस की तिथि: 04.05.2022। यहाँ बताया गया है कि यह क्या कहता है:

[2] "प्रतिरक्षा के प्रकार". इलेक्ट्रॉनिक संसाधन फ़ॉक्सफ़ोर्ट . एक्सेस की तिथि: 04.05.2022

[3]3 "कोविड-19: संक्रमण के तंत्र और मार्ग, ऊष्मायन अवधि, जोखिम समूह।" इलेक्ट्रॉनिक संसाधन इनविट्रो . एक्सेस की तिथि: 04.05.2022

[4]"आपको अपने हाथ धोने की आवश्यकता क्यों है? बच्चों के साथ बातचीत "आपको अपने हाथ धोने की आवश्यकता क्यों है?"" इलेक्ट्रॉनिक संसाधन बगीचे और गर्मियों के कॉटेज के लिए विचार। एक्सेस की तिथि: 04.05.2022

[5]डब्ल्यूएचओ के प्रमुख को पत्र ।" इलेक्ट्रॉनिक संसाधन INOSMI। अभिगम तिथि: 04.05.2022।

[6] "ऑपरेशन बारबारोसा". इलेक्ट्रॉनिक संसाधन विकिपीडिया। एक्सेस तिथि: 05/04/2022

[7]"डब्ल्यूएचओ के प्रमुख ने कोरोनावायरस महामारी के बारे में बयानों के खतरे के बारे में बताया।" इलेक्ट्रॉनिक संसाधन आरबीसी। अभिगम तिथि: 04.05.2022।

[8]"WHO ने COVID-19 को महामारी घोषित किया"। विश्व स्वास्थ्य संगठन, यूरोप के क्षेत्रीय कार्यालय का इलेक्ट्रॉनिक संसाधन। अभिगम तिथि: 04.05.2022।

[9]"कोविड-19 पर प्रेस ब्रीफिंग में महानिदेशक द्वारा प्रारंभिक टिप्पणी, 11 मार्च 2020"।

विश्व स्वास्थ्य संगठन इलेक्ट्रॉनिक संसाधन. अभिगमित : 04.05.2022.

[10]10. "कोविड-19 और मानवाधिकार।" इलेक्ट्रॉनिक संसाधन ह्यूमन राइट्स वॉच। अभिगम तिथि: 04.05.2022।

[11]"21वीं सदी की महामारी"। TASS इलेक्ट्रॉनिक संसाधन। अभिगम तिथि: 04.05.2022।

[12] "निमोनिया की रोकथाम पर ज्ञापन"। लेनिनग्राद क्षेत्र की स्वास्थ्य समिति का इलेक्ट्रॉनिक संसाधन। अभिगम तिथि: 04.05.2022।

[13] "निमोनिया की रोकथाम और उपचार"। इलेक्ट्रॉनिक संसाधन क्लिनिकल अस्पताल नंबर 172 शाखा नंबर 2

संघीय वैज्ञानिक और नैदानिक केंद्र चिकित्सा रेडियोलॉजी और ऑन्कोलॉजी के लिए संघीय

चिकित्सा और जैविक एजेंसी। अभिगम तिथि: 04.05.2022

[14] "घबड़ाहट"। इलेक्ट्रॉनिक संसाधन PSI-FACTOR. अभिगम तिथि: 04.05.2022.

[15] "कोरोना वाइरस"। इलेक्ट्रॉनिक संसाधन विश्व स्वास्थ्य संगठन। अभिगम तिथि: 04.05.2022।

[16]"फोर्ड ने अमेरिका में 1,400 पूर्णकालिक कर्मचारियों की छंटनी करने का फैसला किया है।" इंटरफैक्स इलेक्ट्रॉनिक संसाधन। दिनांक

अभिगम तिथि: 04.05.2022

[17]"सीएनबीसी: अमेरिकन एयरलाइंस 19,000 कर्मचारियों की छंटनी करेगी।" TASS इलेक्ट्रॉनिक संसाधन। दिनांक

की तिथि: 04.05.2022.

[18] 8 "विभिन्न देशों में अधिकारी छोटे और मध्यम व्यवसायों की कैसे मदद करते हैं।" इलेक्ट्रॉनिक संसाधन वेदोमोस्ती।

अभिगमन तिथि: 04.05.2022.

[19]"कर्मचारियों की संख्या में कटौती करने वाली कंपनियों की हिस्सेदारी एक साल में 2.5 गुना बढ़ गई है।" इलेक्ट्रॉनिक संसाधन फोर्ब्स। अभिगम तिथि: 04.05.2022।

[20] 20 "रोबोट कैसे लोगों की जगह लेते हैं"। इलेक्ट्रॉनिक संसाधन TAdviser . पहुँच की तिथि: 04.05.2022.

[21]अमेरिका ने इतिहास में अपनी सबसे धीमी जनसंख्या वृद्धि दर्ज की है। संघीय राज्य बजटीय संस्थान का इलेक्ट्रॉनिक संसाधन " रॉसिस्काया का संपादकीय कार्यालय गजेटा "। अभिगमन तिथि: 04.05.2022

[22]2000-2019 की अवधि के लिए दुनिया भर में मृत्यु और विकलांगता के प्रमुख कारणों पर आँकड़े प्रकाशित किए हैं। " विश्व स्वास्थ्य संगठन का इलेक्ट्रॉनिक संसाधन। एक्सेस की तिथि: 04.05.2022

[23]"WHO: 2020 में 1.5 मिलियन लोग तपेदिक से मर गए।" इलेक्ट्रॉनिक संसाधन रेड स्प्रिंग। दिनांक

अभिगम तिथि: 04.05.2022

[24] (इलेक्ट्रॉनिक संसाधन vc.ru. अभिगम की तिथि: 04.05.2022).

[25]"ऑस्ट्रेलियाई वैज्ञानिकों ने प्रयोगशाला स्थितियों में 2019-nCoV कोरोनावायरस को विकसित करने में कामयाबी हासिल की है।" TASS इलेक्ट्रॉनिक संसाधन। अभिगम तिथि: 04.05.2022।

[26] "फाइजर को अपने कोरोनावायरस वैक्सीन से प्रति वर्ष 15 बिलियन डॉलर की कमाई होगी।" इलेक्ट्रॉनिक संसाधन वेदोमोस्ती ।

अभिगम तिथि: 04.05.2022.

[27]"बिल एंड मेलिंडा गेट्स फाउंडेशन कोविड-19 के खिलाफ वैक्सीन पर काम करने वाली 4 कंपनियों पर दांव लगा रहा है ।" इलेक्ट्रॉनिक संसाधन vc.ru. एक्सेस की तिथि: 04.05.2022।

[28]"कोविड-19 के खिलाफ़ टीकाकरण: यूरोपीय संघ दुनिया के अन्य क्षेत्रों से पीछे क्यों है।" इलेक्ट्रॉनिक संसाधन DW. दिनांक

अभिगमित : 04.05.2022.

[29]"उन्होंने स्पुतनिक वी वैक्सीन अनुसंधान के लिए स्वयंसेवकों की भर्ती बंद कर दी। यह महत्वपूर्ण क्यों है?"

इलेक्ट्रॉनिक संसाधन बीबीसी रूसी सेवा। अभिगम तिथि: 04.05.2022।

[30]"ब्रिटिश नियामक: एस्ट्राजेनेका वैक्सीन के लाभ जोखिम से अधिक हैं, लेकिन युवा लोगों को इससे बचना चाहिए।" इलेक्ट्रॉनिक संसाधन बीबीसी रूसी सेवा। अभिगम तिथि: 04.05.2022।

[31]"मौसमी फ्लू: अक्सर पूछे जाने वाले सवालों के जवाब। आपको कब और कितनी बार टीका लगवाना चाहिए?

फ्लू ?" विश्व स्वास्थ्य संगठन, यूरोप के क्षेत्रीय कार्यालय का इलेक्ट्रॉनिक संसाधन।

अभिगमन तिथि: 04.05.2022.

[32]कोरोनावायरस: अमेरिका सभी को टीका लगाने की अनुमति देगा, लेकिन स्पुतनिक वी के साथ नहीं; इतालवी डॉकर्स ने विरोध किया

" ग्रीन पासपोर्ट"". बीबीसी समाचार की रूसी सेवा का इलेक्ट्रॉनिक संसाधन । अभिगम तिथि: 04.05.2022.

[32]"कोरोनावायरस: अमेरिका सभी को टीका लगाने की अनुमति देगा, लेकिन स्पुतनिक वी के साथ नहीं; इतालवी डॉकर्स ने विरोध किया

[32]" ग्रीन पासपोर्ट"". बीबीसी समाचार की रूसी सेवा का इलेक्ट्रॉनिक संसाधन । अभिगम तिथि: 04.05.2022.

[33] स्विट्जरलैंड में लोग जनमत संग्रह में तय करेंगे कि क्यूआर कोड वैध हैं या नहीं?" इलेक्ट्रॉनिक संसाधन swissinfo.ch.

अभिगमन तिथि: 04.05.2022

[36]"दुनिया भर के पर्यटक पीसीआर टेस्ट की अत्यधिक कीमतों के बारे में शिकायत करते हैं।" इलेक्ट्रॉनिक संसाधन समाचार

Mail.ru. अभिगम तिथि: 04.05.2022

[37]"कोरोना वायरस टेस्ट कैसे काम करते हैं और अब उन्हें कौन बना रहा है।" आरबीसी इलेक्ट्रॉनिक संसाधन। एक्सेस की तिथि: 04.05.2022

[38]"जेलों में कोविड-19 से निपटना: WHO की नई रिपोर्ट देशों में सर्वोत्तम प्रथाओं पर प्रकाश डालती है"। विश्व स्वास्थ्य संगठन, यूरोप के लिए क्षेत्रीय कार्यालय। अभिगम: 04.05.2022.

क्रम-सूची